I0148813

3367

ANATOLE COURBET
Vice-Amiral.

DICK DE LONLAY

L'AMIRAL COURBET

ET

LE « BAYARD »

RÉCITS, SOUVENIRS HISTORIQUES

ILLUSTRÉS DE 40 DESSINS PAR L'AUTEUR

PARIS

GARNIER FRÈRES, LIBRAIRES-ÉDITEURS

6, RUE DES SAINTS-PÈRES, 6

1886

In 27
36100

A Monsieur le commandant PARRAYON
et à Messieurs les officiers du Bayard,

En souvenir de notre traversée de Suez aux Salins-
d'Hyères.

DICK DE LONLAY.

Paris, le 15 septembre 1885.

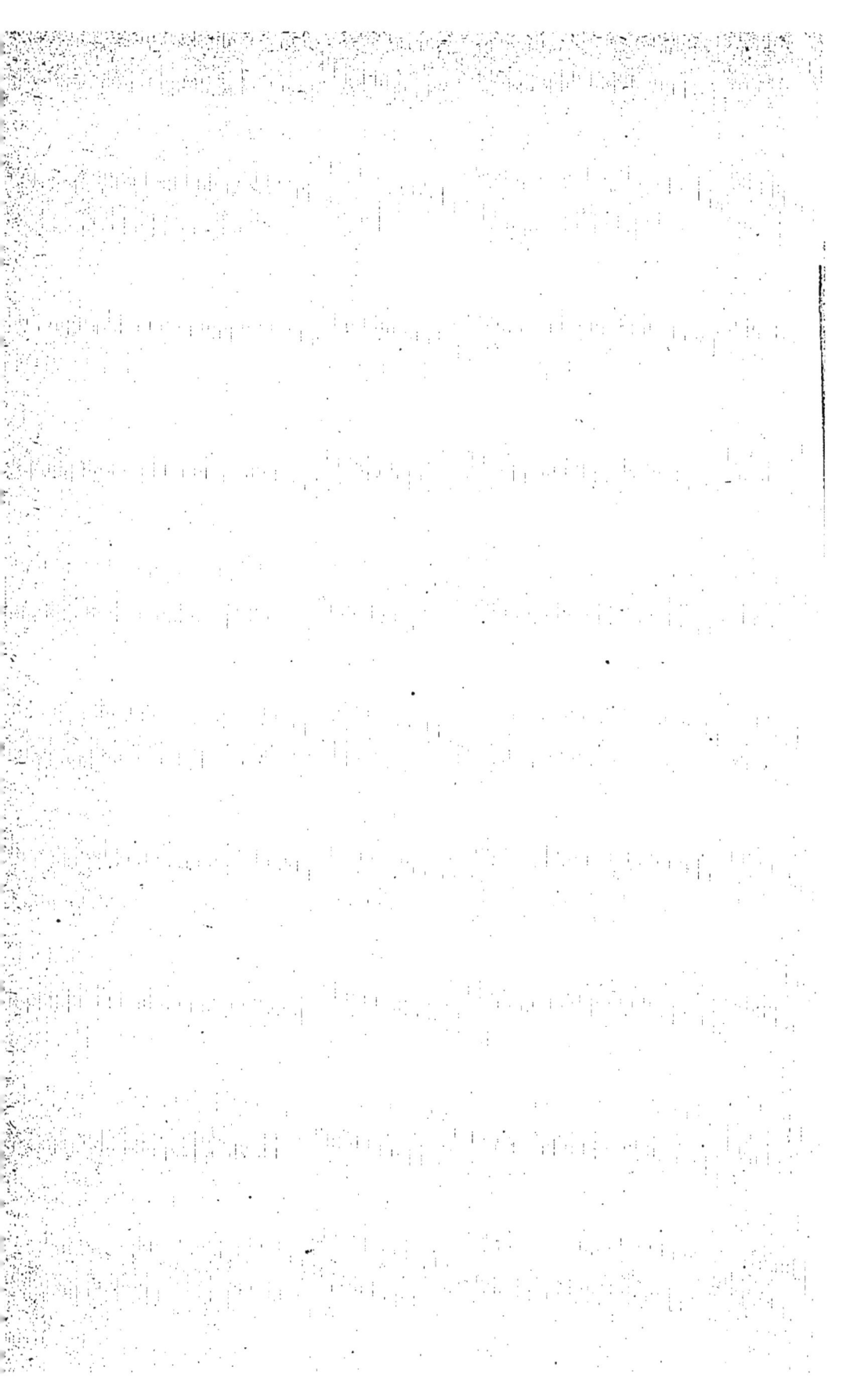

PRÉFACE

Dans les premiers jours de juillet dernier l'Illustration m'envoyait en Égypte au-devant du Bayard, *qui ramenait en France la dépouille mortelle de l'amiral Courbet.*

Grâce à la bienveillante autorisation de S. E. le Ministre de la marine et à l'extrême courtoisie de M. le commandant Parrayon, j'obtins la faveur d'embarquer à bord de ce bâtiment.

J'ai cru intéressant de réunir aujourd'hui, dans ce volume, les notes quotidiennes de mon journal de bord relatant les différents épisodes de nos douloureuses étapes à Singapour, à Mahé, à Suez, Port-Saïd, Bone et aux Salins-d'Hyères, les cérémonies funèbres de Paris et d'Abbeville.

Là, on trouvera, racontés d'après le récit des témoins oculaires, l'existence journalière de l'amiral Courbet en Chine et au Tonkin, les nombreux traits d'héroïsme de ce vaillant marin, la courte maladie et les derniers moments de ce véritable Bayard des temps modernes. J'ai aussi ajouté, dans ces souvenirs, les nombreux traits d'héroïsme que j'ai pu recueillir sur nos braves officiers de marine et matelots, pendant cette longue et pénible campagne.

J'espère que cet ouvrage intéressera notre public si français et si patriote.

DICK DE LONLAY.

Paris, 15 septembre 1885.

La rade de Suez vue du Consulat de France.

CHAPITRE I.

Suez. — La chambre ardente. L'amiral Courbet.

Suez, 9 août.

Il est trois heures du soir. Dans les ruelles arabes, roussies par le soleil, la chaleur est torride. La ville est déserte : aucun passant; à peine de temps à autre, un ânier, assis sur la croupe de sa bête, trotte au milieu d'un tourbillon de poussière.

Au consulat de France. — Dans la cour du consulat de France deux Européens étendus sur de larges fauteuils en rotin, fument de longs chibouques. Auprès d'eux, à des bambous, sont suspendues des gargoulettes en terre grisâtre de Syout, dont la forme est identique à celle des urnes funéraires que l'on trouve dans les antiques nécropoles égyptiennes.

L'un, est M. Labosse, vice-consul de France à Ismaïla,

1

qui est venu remplacer son collègue de Suez, actuellement en congé; l'autre, votre serviteur.

Voilà plus d'un mois que j'ai quitté Paris pour aller au-devant du *Bayard;* nouvelle sœur Anne, je monte chaque jour au mirador du consulat, qui donne sur la rade du Suez, et ne vois rien venir

Le Bayard en vue. — Tout à coup apparaît Mohamed, le zélé cavas du consulat.

— Une dépêche de Port-Tewfick !

— Donne.

— Le *Bayard* entre en rade de Suez et s'apprête à prendre son poste de mouillage.

Nous nous précipitons sur la terrasse où flotte un large drapeau tricolore qui est aussitôt amené en berne.

De ce point la vue de la rade est splendide : à droite, les montagnes escarpées de l'Ataka, aux pentes arides et sablonneuses; à gauche, l'îlot où brillent en taches éclatantes les blanches constructions de l'administration du canal de Suez, le petit port et la gare de Port-Tewfick, ainsi que la digue garnie d'une ligne ferrée qui relie cette station à la ville; plus à gauche, l'entrée du canal avec ses balises et ses bouées, et tout au fond, perdues dans l'horizon ocre des sables d'Asie, les montagnes de Moïse qui s'estompent comme un nuage floconneux. En face de nous, les flots bleus de la mer Rouge que sillonnent par instants de larges fleuves rougeâtres; qui ne sont que d'immenses bancs de frai de poisson. Les vagues, en cet endroit, sont émaillées de méduses, bizarres polypes de forme ronde au centre desquels étincelle une croix latine d'un magnifique carmin.

Sur la rade sont mouillés plusieurs navires de commerce anglais, ainsi qu'un croiseur de guerre de cette nation, le *Carysford.* A l'horizon un point blanc se détache; il grandit et s'avance rapidement : bientôt nous

distinguons un cuirassé de haut bord, le pavillon tricolore en berne. C'est le *Bayard*.

Aussitôt tous les navires mouillés en rade et à Port-
Tewfick, ainsi que le palais du gouverneur mettent leurs
pavillons également en berne.

En ce moment, par une coïncidence bizarre, deux
cuirassés chinois, achetés à Hambourg et naviguant
sous pavillon allemand, sortent du canal et font route
pour le Sud. Ces navires sont armés chacun de deux
canons conjugués de 30 centimètres, placés dans une forte
tourelle centrale, d'une petite pièce de chasse en tourelle
et d'une autre de 14 centimètres en retraite. A l'arrière
se trouvent deux longues galeries en superstructure qui
doivent servir pour les logements de l'état-major. Sur
le pont est placé un torpilleur long d'une quinzaine de
mètres avec des grues de manœuvre.

En route pour le Bayard. — Le temps pour M. Labosse
d'endosser son uniforme de consul et pour moi de bou-
cler mes malles et nous voilà partis dans un canot
à vapeur qui sillonne rapidement la baie s'étendant
entre le canal et Port-Tewfick.

Arrivés aux appontements de l'administration du
canal, nous apercevons un petit canot à vapeur long de
huit mètres amarré contre le quai. A l'arrière flotte
un pavillon tricolore. La coque en fer gris est encore
éraflée par la trace des balles ennemies. C'est le fameux
canot à vapeur n° 1 du *Bayard*, qui, avec le canot n° 2
du même navire, fit sauter, en février dernier, à Sheïpoo,
la frégate chinoise le *Yu-Yen*. Les matelots qui le montent sont habillés de toile blanche et coiffés d'un chapeau en paille déformé par les intempéries de la mer
de Chine.

A la barre se tient un quartier-maître, véritable
breton trapu et râblé, le teint encore plus brûlé par le

soleil que celui des Arabes qui montent les dahabies voisines. Sur sa vareuse de laine bleue se détache le ruban de la médaille militaire. C'est le patron Boigeol, qui tenait la barre de ce canot à Sheïpoo.

A Port-Tewfick, nous quittons notre canot et nous nous embarquons à bord de l'*Argus*, avec les députations des Français de Suez et du Caire, qui doivent déposer des couronnes sur le cercueil du vaillant amiral Courbet. La couronne de Suez, est en perles noires et blanches, avec ce simple mot : *Regrets*. Celle du Caire, en argent ciselé, se compose de deux branches de feuilles de chêne et de laurier où est attaché un long ruban tricolore portant ces mots frappés en lettres d'or : « *La colonie française du Caire à la mémoire du vaillant amiral Courbet, à bord du* BAYARD, *août 1885.* »

Au moment où nous quittons Port-Tewfick, le pavillon bleu de la Compagnie, portant les lettres C. S. (canal de Suez), est mis en berne.

A bord du Bayard. — L'*Argus* s'avance à toute vitesse et franchit en quelques minutes le mille marin (1852 mètres) qui nous sépare du *Bayard*.

Bientôt nous accostons l'échelle de bâbord. Le factionnaire porte les armes. Le maître de quart siffle sur le bord et quatre hommes se placent de chaque côté de la coupée.

M. Labosse gravit l'échelle, précédé de ses deux cavas en vieux costume albanais bleu et or, le yatagan au côté et la longue canne à pomme d'argent massif à la main.

L'officier de quart le reçoit ainsi que la députation et les présente à M. le capitaine de vaisseau Parrayon, commandant le navire.

De mon côté, dès mon arrivée sur le pont, j'échangeai une vigoureuse accolade, avec mon vieil ami, M. le capitaine de frégate Gourdon, un des héros de Sheïpoo, et le second du *Bayard*.

— Comment, vous ici ! Je vous croyais à Paris, qu'êtes-vous venu faire en Egypte ?

— Mais tout simplement au-devant du *Bayard*, que j'attends depuis plus d'un mois. J'ai une lettre du ministre de la marine qui prie votre commandant de me recevoir à son bord.

— Bravo ! en ce cas, vous êtes des nôtres jusqu'à Toulon. Tout à l'heure je vous présenterai au commandant.

La chambre ardente. — Tout d'abord, nous suivons la députation française qui se dirige vers le cercueil de l'amiral Courbet. Les restes de l'illustre marin sont déposés sous la dunette, dans la salle où est installé le canon de 19 centimètres de retraite et qui, pendant la campagne, lui servait de cabinet de travail.

Cette chambre, en forme de demi-lune, est éclairée par sept ouvertures pratiquées dans la partie arrondie. Cinq sabords dont celui de la pièce de retraite au centre et deux portes donnant sur un balcon orné d'une marquise où se promenait souvent l'amiral.

L'ameublement de cette chambre aux boiseries blanc et or, était alors des plus sommaires. Aux fenêtres, des rideaux de damas de soie rouge ; un divan circulaire de même étoffe monté sur un caisson de citronnier à baguettes d'acajou, une table carrée avec pliants, où s'asseyait l'amiral dans un fauteuil chinois en rotin. Deux étagères-bibliothèques, deux petits poêles à la prussienne à tuyau de cuivre, quelques chaises cannées complétaient l'ameublement. Une toile cirée recouvrait le plancher.

Aujourd'hui cette chambre a été séparée en deux par un compartiment de toile à voile. La partie tribord, où se tenait d'habitude l'amiral, a été transformée en chapelle ardente. A droite, le canon peint en blanc, avec sa tranche de culasse polie comme une véritable pièce d'horlogerie, et garnie de ses bailles et ustensiles de combat. Aux aiguillettes d'amarrage sont supendus deux fanaux qu'on allume pendant la nuit.

Cette chambre est tapissée de pavillons multicolores qui tamisent la lumière. Le cercueil, recouvert d'un drapeau français, repose en abord sur des chantiers qui l'élèvent un peu au-dessus du pont. De chaque côté six chandeliers en argent bruni; à la tête un crucifix.

Autour du cercueil, qui est enfoui dans un massif de verdure, on aperçoit un grand nombre de couronnes. Deux viennent de Shang-Haï; l'une a été envoyée par le conseil municipal, l'autre par la Lyre française; deux viennent des Seychelles; l'une a été offerte par les Français de Mahé et l'autre, garnie de bandes de soie tricolores, par les marins français des Seychelles; à côté des couronnes, on voit deux palmes que les enfants de l'école des Pères de Mahé sont venus apporter eux-mêmes à bord du *Bayard*.

Bien des couronnes sans doute seront plus riches et plus luxueuses, mais devant aucune on ne se sentira aussi ému que devant ces modestes souvenirs, aujourd'hui desséchés et voilés de crêpe de colons jadis français et qui n'ont jamais oublié la mère-patrie. Aux Seychelles, tout le monde parle notre langue.

De chaque côté de la porte de cette chapelle, que drapent les deux pavillons de l'amiral avec les trois étoiles blanches dans le bleu, veillent, nuit et jour, deux factionnaires en armes, un canonnier et un fusilier.

Les couronnes de Suez et du Caire. — Conduit par le commandant Parrayon, M. Labosse présente, en quelques mots émus, les deux couronnes de Suez et du Caire, et les dépose lui-même sur le cercueil du vainqueur de Fou-Tchéou. Les marins, en tenue de travail, font le cercle.

En jetant les yeux sur la dunette je remarque le fronteau orné au centre d'un écusson rouge, supporté par deux chimères et où est inscrite en lettres d'or la devise du preux chevalier : « *Sans peur et sans reproche* », qui, après lui, ne pouvait mieux convenir à personne qu'au brave amiral dont la France entière pleure en ce moment la mort prématurée.

De chaque côté du fronteau, sont scellés sur le pont de la dunette, deux griffons annamites en bois sculpté et doré, trophées enlevés par les fusiliers-marins du *Bayard* dans la grande pagode de Haï-Dzuong,

Mon ami Gourdon me présente alors au commandant

Parrayon, auquel je remets la lettre du ministre de la marine. Cet oficier supérieur m'accueille avec cette rondeur cordiale qui caractérise les marins.

— Vous êtes désormais des nôtres.

Le commandant Parrayon. — Le commandant Parrayon est âgé d'une cinquantaine d'années, de taille moyenne, à la démarche toute juvénile; ses traits, hâlés par le soleil de Chine, sont des plus énergiques et encadrés de courts favoris à peine grisonnants; le regard est des plus vifs. Il est réputé un de nos meilleurs manœuvriers.

Distinction des plus rares pour un capitaine de vaisseau, le commandant Parrayon est commandeur de la Légion d'honneur depuis deux ans, distinction obtenue pour sa brillante conduite à Thuan-An où il commandait le corps de débarquement des fusiliers-marins et de l'infanterie de marine. Ce jour-là il sauta le premier sur la plage, et entra, suivi de son clairon et de son porte-pavillon, dans le fort central. Plus tard, il s'est également distingué aux bombardements de Kélung et des Pescadores.

Les appartements de l'amiral. — Quand on descend du pont par l'échelle du dôme, on trouve à gauche les appartements de l'amiral Courbet, qui occupaient tout l'arrière du navire.

Ces appartements se composent d'une salle à manger, de deux chambres à coucher et d'un salon. Toutes ces pièces sont peintes en blanc avec filets or.

La salle à manger est éclairée par un panneau à claire-voie où est fixé un *panka* ou large écran en toile, à montants d'acajou, qu'un *boy* (groom) annamite mettait en mouvement au moyen d'une longue ficelle aboutissant sur le pont et qui, pendant les repas, donnait un peu de fraîcheur.

Un des panneaux est entièrement occupé par un haut
buffet vitré en acajou, où est enfermé un service de
table en argent plaqué, aux initiales de l'amiral : A. C.
(Anatole Courbet). En face, le poêle à tuyau de cuivre,
deux servantes à galeries, et deux portes donnant dans
le salon. Sur les deux autres panneaux où s'ouvrent les
chambres à coucher, deux petits buffets et des plateaux
arabes en cuivre gravé.

Dans un angle, une machine à fabriquer la glace. Au
centre la table amarrée au plancher et percée de trous
à fiches pour maintenir le service pendant le roulis. Des
chaises cannées complètent l'ameublement.

A gauche, en entrant dans la salle à manger, la chambre à coucher de l'amiral éclairée par deux sabords et
le mobilier réglementaire : lit, table de nuit, commode,
armoire vitrée, le tout en acajou. A la tête du lit, un
porte-manteau, rideaux en damas de soie rouge. Au
fond, un petit cabinet de toilette.

Sur la commode se trouvait, dans un cadre à chevalet,
le portrait de la sœur de l'amiral.

Aujourd'hui cette pièce est encombrée de caisses scel-
lées par le commissaire d'escadre, où sont enfermés les
effets et les objets personnels du défunt.

En face, l'autre chambre à coucher avec un mobilier
identique, qui ne fut jamais occupée, et au bout, un
petit escalier conduisant au cabinet de travail, situé
comme je l'ai déjà dit, au-dessous de la dunette.

Le salon est éclairé par quatre larges sabords. Canapé
circulaire et rideaux identiques à ceux du cabinet de
travail, commode-étagère faisant face à la cheminée
garnie de vases en faïence anglaise de Minton. A droite,
une petite table chargée de cartes que surmonte un
baromètre Fortin suspendu à la Cardan. A gauche, une
table à jouer et un tuyau d'appel. Le long du panneau

faisant face au canapé, des fauteuils de même étoffe, recouverts de housses en toile grise.

L'existence de l'amiral. — L'existence de l'amiral pendant toute la campagne de Chine était des plus réglées. Tous les matins, été comme hiver, il se levait entre sept heures et sept heures et demie, et procédait

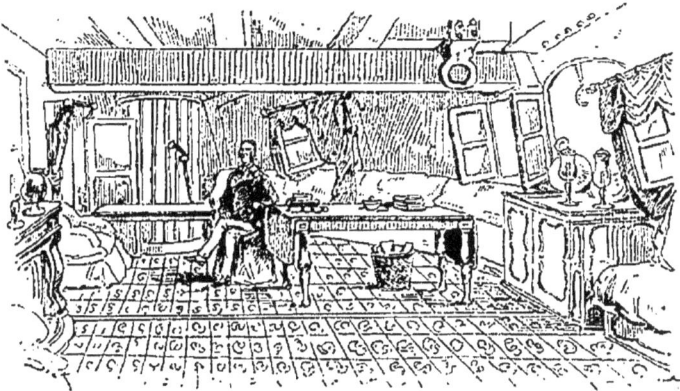

à une ablution des plus complètes, prenant un *tub* d'eau froide où il se faisait éponger par Jean, son fidèle matelot d'ordonnance. Il se faisait ensuite la barbe et, en été, endossait le costume suivant : chemise à col droit, cravate noire, veston de flanelle bleue croisé à boutons d'or, avec attentes et portant sur les manches trois petites étoiles d'argent. Pantalon et guêtres en toile blanche. Pour coiffure, il portait, dans la rivière Min, un petit chapeau canotier en paille jaune avec le ruban noir portant le mot *Volta* en lettres d'or, et à Kélung un casque blanc avec le ruban noir du *Bayard*.

En hiver, l'amiral portait une redingote en flanelle à trois étoiles, un pantalon bleu, et une casquette brodée d'or et étoilée.

Aussitôt habillé, l'amiral se promenait pendant une demi-heure sur sa galerie, observant toute l'escadre, tenant habituellement la main gauche dans la poche de son veston, et de la droite agitant son lorgnon.

Sa promenade terminée, l'amiral faisait appeler M. le commandant de Maigret, chef d'état-major, M. le commandant Foret, chargé de la correspondance générale et des instructions, et M. le lieutenant de vaisseau Habert, son secrétaire particulier. Après leur avoir distribué la besogne de la journée, il travaillait seul dans son bureau, sous la dunette, jusqu'à dix heures.

Quand le *Bayard* se trouvait à Kélung, l'amiral ne manquait jamais, malgré les temps les plus horribles, de faire armer, vers huit heures et demi, sa baleinière, que remorquait une *vedette* (petit canot à vapeur chauffant à l'eau de mer), et seul, sans aide de camp, il allait chaque jour visiter toutes les salles de l'hôpital, adressant un mot d'encouragement aux malades, leur serrant la main, puis visitait les tranchées et les barraquements en compagnie du colonel Duchesne.

Le déjeuner avait lieu à dix heures en mer, et à **dix** heures et demie en rade. Les convives habituels, que j'ai l'honneur de connaître, étaient MM. Parrayon, commandant du *Bayard* et capitaine de pavillon, de Maigret, chef d'état-major, Foret, premier aide de camp, Gourdon, commandant en second, Edet, commissaire d'escadre et l'abbé Rogel, aumônier du *Bayard*.

Ce repas, servi par les deux maîtres d'hôtel, Querré et Duval, était rapidement enlevé par l'amiral, qui, suivi de ses convives, montait de la salle à manger par le petit escalier conduisant à la salle de travail où le café était servi.

Là, causerie amicale d'une demi-heure. A onze heures et demie, l'amiral resté seul, se remettait au travail jusqu'à quatre heures. A ce moment il écrivait sa correspondance particulière et lisait les journaux.

A cinq heures, dîner avec les mêmes convives et aussi rapidement enlevé que le déjeuner. On allait ensuite prendre le café sous la dunette, souvent sur la galerie pendant l'été.

A sept heures, les officiers prenaient congé de l'amiral qui lisait jusqu'à huit heures et demie, neuf heures au plus tard et se couchait ensuite.

L'amiral Courbet était de taille au-dessus de la moyenne (1ᵐ,80 environ); maigre, très alerte, et capable de supporter de grandes fatigues. A Kélung, il grimpait très rapidement les pentes escarpées des positions occupées par nos troupes et plaisantait quand il voyait les officiers de sa suite essoufflés par cette pénible ascension.

L'amiral Courbet. — Il était âgé de cinquante-huit ans, son visage respirait la fermeté et le sang-froid; le front bombé, l'œil bleu au reflet d'acier, enfoncé sous l'arcade sourcillière, le visage rasé, à l'exception de deux petits favoris s'arrêtant à la hauteur des lèvres.

Ses manières, des plus correctes, étaient celles d'un véritable gentleman. La parole très brève, très concise, très rapide. Malgré son extérieur très froid, il avait le cœur très chaud et très sensible, mais était très maître de lui-même quand la circonstance le commandait.

Très bon avec le marin, il lui inspirait une extrême vénération, on peut même dire un véritable fanatisme.

C'est surtout dans le danger que son calme grandissait. Au milieu du combat son visage s'illuminait; il se promenait impassible, malgré les balles qui pleuvaient autour de lui.

A Fou-Tchéou. — A Fou-Tchéou, l'amiral, au début de l'action, se tenait sur la passerelle du *Volta* où il avait arboré son pavillon.

Au moment où il fit marquer le pavillon I (rouge et

blanc) signal de commencer le combat, les Chinois, qui, depuis quarante-trois jours, observaient notre escadre et, connaissaient le costume de l'amiral, font pleuvoir sur ce point une véritable grêle de projectiles.

L'amiral descend de la passerelle pour aller visiter la batterie du pont. A peine a-t-il posé le pied au bas de l'échelle qu'un obus Krupp, venant d'une batterie de terre qui tire à moins de trois cents mètres de distance, perce le masque en tôle du côté tribord et enfile toute la longueur de la passerelle. Ce projectile rase le commandant Gigon du *Volta*, qui setient à droite, tue un des deux hommes de barre du second rang et atteint dans le bas-ventre le pilote anglais Thomas, placé à bâbord, où il dirige les barreurs en répétant constamment: *Steady ! Steady !* (ferme ! droit !) Ce brave homme meurt sur le coup en répétant encore son mot d'encouragement.

L'amiral Courbet se rend alors à l'arrière du *Volta*, où le canon de retraite est installé sur un caillebotis à 30 centimètres du pont.

Les Chinois, qui le voyaient tous les jours installé sur cette dunette, dans son grand fauteuil en rotin, dirigent leurs coups sur ce nouveau but et couvrent l'arrière du *Volta* de leurs obus.

L'amiral, impassible, se promène au milieu des pièces, suivi de M. de Maigret, son chef d'état-major, et des lieutenants Ravel, son aide de camp, et Fabre de la Maurelle, son secrétaire, et chantonne entre ses dents.

Un premier obus Krupp rase les bastingages à peu de distance de l'amiral. Presque aussitôt un second projectile, venant de tribord, frappe sur un des montants en cuivre de la passerelle du centre, au-dessus du panneau du carré des officiers, qui sert de passage des poudres. Cet obus éclate, tue trois des marins qui montent

les projectiles, blesse un canonnier d'une pièce de
14 centimètres à tribord et atteint en outre deux autres
marins. Le lieutenant Ravel, qui, en ce moment, est
allé porter un ordre de l'amiral, reçoit par cette même
explosion deux blessures, la première au flanc droit et
l'autre à la main droite. Les jumelles qu'il tenait dans
cette main, furent brisées.

Le 25 août, quand l'amiral quitta le *Volta* pour arbo-
rer son pavillon sur le *Duguay-Trouin*, le lieutenant de
vaisseau de Laperyère, second du premier navire, vint
lui offrir, au nom de l'équipage, un ruban de matelot
légendé. Il voulut prononcer quelques paroles, mais
l'émotion lui serrant la gorge, il se mit à pleurer et ne
put que tendre le ruban à l'amiral, qui désormais le
porta toujours sur son chapeau de paille.

A Sontay. — Lors de la prise de Sontay, l'amiral, qui
tenait surtout à voir et à être vu des troupes de terre,
s'exposa aux plus grands dangers. A l'attaque de Phu-Sa,
suivi du colonel Badens, du commandant de Maigret,
des lieutenants de Jonquières, Goldschœn et Imbert, il
parcourut, à cheval et au pas, les digues que labou-
raient les balles des Pavillons-Noirs. A l'attaque de la
porte ouest de la citadelle, il se porta en avant de la
première ligne de tirailleurs, et donna lui-même le
signal de l'assaut. L'ennemi s'aperçut de sa présence,
et le lui fit bien voir par le feu violent et continuel qu'il
ne cessa de diriger de ce côté. M. Goldschœn reçut là,
à côté de l'amiral, une balle en plein sur sa montre;
il en fut quitte pour une fort contusion; sans sa
montre, il eût été tué raide.

L'amiral dirigea cette affaire avec une précision, une
vigueur et une énergie admirables. Il montra là une
bravoure personnelle qui en fit un héros aux yeux de
toute l'armée. Aussi, quand le lendemain, l'amiral entra

L'amiral Courbet se fait hisser à la pomme du mât de misaine du *Bayard*,
d'où il étudie les positions chinoises de Kélung.

dans Sontay, les turcos et les légionnaires enthousiasmés, lui firent une ovation spontanée qui le toucha
profondément.

A Kélung. — Pendant les longs ennuis du blocus de
Kélung et avant la grande attaque de mars 1885,
l'amiral Courbet étudiait les mouvements et les travaux
de l'ennemi, en se faisant hisser à la pomme du
mât de misaine, le point le plus élevé de la mâture
du *Bayard*. Il s'asseyait dans une barrique d'habillement défoncée d'un côté et garnie d'un bourrelet en
toile et en paille. Cette barrique était élinguée vertica-
lement et la division de quart, rangée sur la drisse du
petit cacatois l'enlevait rapidement. Deux retenues ma-
nœuvrées sur la grande passerelle la guidaient dans son
ascension, et des gabiers, étagés dans la hune de misaine, sur les barres et au capelage du petit perroquet
évitaient à la barrique toute espèce de choc et l'orien-
taient dans la direction voulue par l'amiral. Au haut du
mât, l'amiral Courbet restait quelquefois plus d'une
demi-heure, fouillant les montagnes avec ses jumelles
ou avec une longue-vue de la timonnerie, et ne redes-
cendait que quand il avait vu exactement ce qu'il dési-
rait voir.

Aux Pescadores. — La prise des Pescadores, son dernier fait d'armes, fut une merveille de tactique. Dans
le conseil de guerre tenu à bord du *Bayard*, il avait dé-
veloppé à ses capitaines son plan d'attaque; il n'y avait
que deux signaux : « Exécutez le programme n° 1, exécutez le programme n° 2. » Dans chaque programme,
chaque navire savait quel était son poste et ce qu'il
avait à faire dans ce poste. Il n'y avait pas, pendant la
mêlée, à se préoccuper de la fumée qui aurait pu empêcher de voir les signaux de l'amiral.

L'amiral Courbet, calme sur la passerelle du *Bayard*,

passa sous le feu de toutes les batteries de Makung, de l'île de l'Observatoire, de l'île Plate, et se mit en dehors des secteurs de feux. Puis il se laissa dériver, en prenant toutes les pièces l'une après l'autre et en les démolissant sans qu'elles pussent tirer sur lui.

Makung, 13 juin. Défilé de l'équipage du *Bayard* devant le cercueil de l'amiral Courbet.

CHAPITRE II.

La mort de l'amiral. — Le retour.

La maladie. — C'est malheureusement à Makung, sur le lieu de son dernier triomphe, que l'amiral devait trouver la mort. Il mourut dans son lit, ce vaillant marin, qui aurait tant désiré tomber pour la France sous une balle ennemie.

On a raconté que l'amiral, souffrant depuis de longs

mois, avait demandé à revenir en France. C'est une erreur ! Jamais ce vaillant ne demanda à quitter son poste de combat ; jamais, depuis le commencement de la campagne, l'amiral n'avait ressenti le moindre malaise. Le 12 avril seulement, il fut pris d'une attaque subite et assez forte de diarrhée bilieuse, qui fut arrêtée rapidement, mais qui le laissa dans un état de faiblesse extrême. Cet état se prolongea jusqu'au 22 du même mois. Le *Bayard* était alors en rade de Makung.

A partir de ce moment, les forces revinrent peu à peu ; l'amiral put se lever et prit ses repas dans le salon de l'arrière.

Le 9 mai, l'amiral est complètement rétabli et reprend place à sa table où il suit un régime spécial, ne mangeant que des œufs, des viandes rôties et des pommes de terre. Dans l'intervalle des repas, il boit du lait frais que l'on se procure au moyen d'une vache laitière amenée dans ce but de Hong-Kong à bord du *Bayard*.

Ses forces étaient complètement revenues quand il alla avec le *Bayard* à Kélung. Le 28 mai, il était de retour à Makung.

Le jour même de son arrivée, l'amiral alla voir à l'hôpital une jeune lieutenant d'infanterie de marine, M. Jehenne, qui avait été blessé à Sontay et décoré sur sa proposition. Ce malheureux officier, à peine âgé de 26 ans, était atteint de la fièvre algide et mourut dans la nuit même, à une heure du matin.

L'amiral Courbet, qui était un ami de la famille de cet officier, fut très affecté de ce décès, et le lendemain assista à l'enterrement.

Le 8 juin, un autre officier, M. le sous-commissaire Dert, mourut également de la fièvre algide. Cette nouvelle mort frappa aussi l'amiral.

Le 10 juin, au matin, l'amiral se leva, comme à son

ordinaire, à huit heures et resta à travailler dans sa galerie.

Ce matin-là, le médecin d'escadre prévient les officiers d'état-major que l'amiral étant souffrant, ne déjeunera pas avec eux. Ceux-ci ont à peine pris place que l'amiral traverse la salle à manger pour se rendre dans sa chambre et leur dit :

— Bon appétit; moi, en guise de déjeuner, je vais me coucher!

Dans la journée, le croiseur l'*Éclaireur* arrive de Hong-Kong et apporte la nouvelle de la signature de la paix pour le 9 juin. A cinq heures du soir, l'amiral donne encore une signature au commandant Foret, pour les instructions du commandant du *Tancarville*, paquebot freté par l'État.

L'amiral reste couché et dort un peu, grâce à une forte dose d'opium qui lui arrête sa dysenterie.

L'agonie. — Le 11 juin, l'état de faiblesse augmente très rapidement; dans la journée, le malade ne peut prendre qu'un peu de bouillon et deux verres de vin de quinquina.

A ce moment, personne à bord n'est encore inquiet, l'amiral ne se plaignant pas et étant très calme.

Vers quatre heures du soir, le médecin commence à avoir des inquiétudes, à cause de l'état de faiblesse et d'abattement persistants.

A cinq heures, l'amiral, qui a conscience de son état, fait appeler M. Habert, son secrétaire particulier, et lui donne, d'une voix basse, mais encore très distincte, des instructions pour ses papiers personnels.

A partir de ce moment, l'amiral perd entièrement connaissance. On fait prévenir le contre-amiral Lespès et les commandants des bâtiments de l'escadre qui viennent aussitôt à bord du *Bayard*.

Au carré des officiers du *Bayard* la nouvelle éclate comme un coup de foudre. Le dîner vient de se terminer, quand, vers six heures, le commandant Parrayon entre et dit :

— Messieurs, si vous désirez assister aux derniers moments de l'amiral, il est temps.

Les officiers sont atterrés; on savait bien l'amiral malade, mais on ne pensait pas que son état fût désespéré.

A six heures et demie, l'abbé Rogel, aumônier du *Bayard*, administre au mourant l'extrême-onction. Peu d'instants après, au branle-bas du soir, au moment où M. Marliave, lieutenant de vaisseau, officier de quart, fait le commandement: « la prière », il ajoute en termes émus : « Oui, garçons! prions, prions pour l'amiral. »

A partir de sept heures, la respiration de l'amiral, quoique régulière, devient légèrement pénible et embarrassée; néanmoins le malade ne paraît pas souffrir. Il est couché sur le dos, les mains croisées sur la poitrine, la tête penchée un peu à gauche.

La scène en ce moment est saisissante : au chevet de l'amiral, l'abbé Rogel est assis et lit les prières des agonisants. Derrière lui, Jean, son fidèle matelot, agite un éventail en paille pour faciliter le renouvellement de l'air autour du lit. Dans la chambre, qu'éclaire une bougie, se tiennent l'amiral Lespès, et les officiers de l'état-major général, et, dans la salle à manger, les commandants de l'escadre et les officiers du *Bayard*.

Tous les visages sont défaits et marquent le plus profond abattement.

Un silence de mort règne sur tout le navire. Les marins, qui adorent l'amiral, se pressent autour de ses appartements.

La mort. — A 9 heures 45, une explosion de sanglots

Reliure serrée

se fait entendre. La respiration de l'illustre mourant s'est éteinte, son dernier souffle s'exhale; le médecin d'escadre constate le décès, et se tournant vers les assistants leur dit : l'amiral est mort!

Le docteur Breton lui ferme les yeux. L'abbé Roger s'agenouille au chevet contre une petite table sur laquelle deux bougies sont allumées et supportant une assiette remplie d'eau bénite avec une branche de buis.

Pendant la nuit, le corps est veillé par un officier et un aspirant du *Bayard*, qui se relèvent d'heure en heure.

Le lendemain matin, 12 août, le *Bayard* apique ses vergues en pantenne, et met son pavillon et le pavillon de l'amiral en berne. Tous les navires en rade imitent la manœuvre. D'heure en heure le *Bayard* tire un coup de canon.

A neuf heures et demie, les commandants et les officiers de l'escadre, ainsi que tous les officiers de l'armée de terre assistent à la messe dite à bord du *Bayard*.

Dès huit heures et demie, MM. les docteurs Doué,

Breton et Coppin procèdent à l'embaumement du corps, qui est déposé dans le salon arrière. Cette triste opération est finie vers deux heures et demie.

Le corps de l'amiral est enveloppé dans des draps, la tête reposant sur un oreiller. Tous les officiers de l'escadre viennent encore lui dire un dernier adieu.

Le corps est alors monté dans le cabinet de travail de l'amiral, sous la dunette, et déposé côté tribord, sur les coussins du canapé. Les traits sont calmes, paisibles. La mort est venue le prendre tout doucement et sans souffrances.

On apporte le cercueil, qui est rangé contre le canapé.

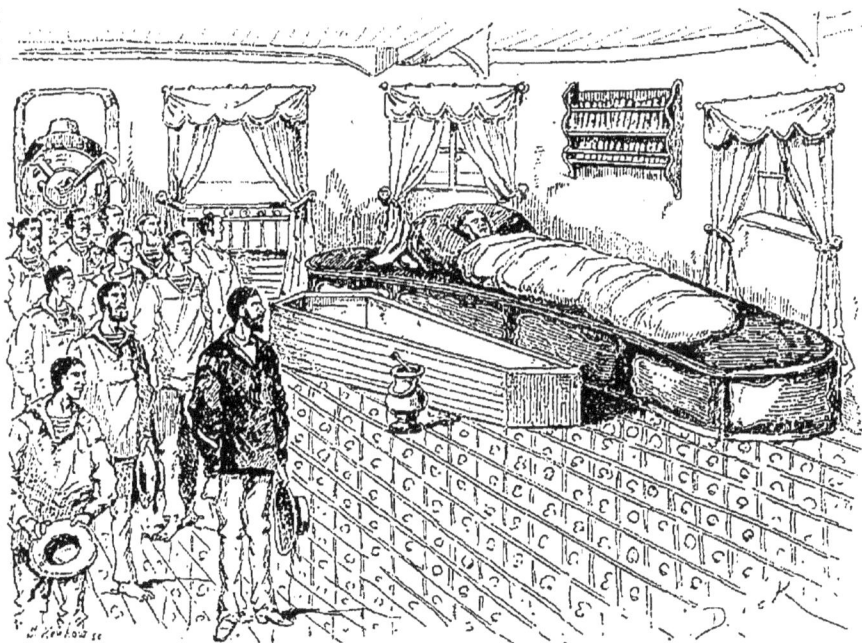

Le défilé des matelots. — A ce moment, le commandant Parrayon voyant l'équipage qui se masse à la porte de la dunette : « Venez mes garçons, dit-il, venez encore voir votre amiral ! »

Et l'équipage entier, en tenue de travail, défile un à

un, en faisant le signe de la croix. La plupart des matelots pleurent à chaudes larmes.

Le défilé terminé, les portes de la dunette sont fermées et l'on procède à la mise en bière. L'état-major général est présent. A cinq heures tout est terminé et le pavillon national recouvre la noble dépouille du héros de Fou-Tchéou.

Le corps de l'amiral repose dans un quadruple cercueil; le premier en plomb, le deuxième en chêne, le troisième en tôle zinguée, le quatrième en chêne et teak. Des cercles en fer boulonnés entourent le tout et assurent a solidité. Enfin, deux bandes de toile à voiles entourent le dernier cercueil et sont retenues par quatre sceaux en cire rouge, portant une ancre avec ces mots en exergue : *Marine et colonies. — Service à la mer !*

La cérémonie funèbre. — Le 13 juin, grande cérémonie funèbre à bord du *Bayard*. A sept heures vingt du matin, arrivée des détachements fournis par les bâtiments et les troupes de terre. On les range sur le pont, les hommes armés en tête pour le défilé. Le cabinet, où le cercueil est placé, est transformé en chambre ardente à l'aide des pavillons de la timonerie. Six flambeaux sont placés de chaque côté et un crucifix à la tête. Sur le pavillon tricolore du cercueil sont déposés l'épée, les décorations, les épaulettes et le chapeau à plumes de l'amiral.

A huit heures moins dix minutes, la cérémonie religieuse de la levée du corps est faite par les aumôniers Lallemand du *La Galissonnière* et Rogel du *Bayard*.

A l'issue de cette cérémonie, l'amiral Lespès prononce l'éloge de l'amiral Courbet. Son émotion est telle qu'il peut à peine terminer son discours. Une douleur poignante étreint tous les cœurs. De grosses larmes coulent sur tous les visages.

Les officiers défilent d'abord devant le cercueil, ensuite les différents détachements et enfin l'équipage du *Bayard*, le commandant Gourdon en tête.

A ce moment toute la garnison de Ma-Kung est rangée à terre sur le chemin de ronde du fort du Nord. A bord des navires, les compagnies de débarquement sont également rangées sur le pont face au *Bayard*.

Toutes ces troupes saluent de trois salves de mousqueterie, tandis que les canons du *Bayard* font un dernier salut de 19 coups de canon, espacés de minute en minute.

Au dernier coup de canon, le *Bayard* et toute l'escadre dressent leurs vergues, hissent le pavillon national à bloc, tandis que le pavillon étoilé du vice-amiral commandant en chef est lentement descendu à bord du *Bayard*.

Fait qui impressionne vivement les assistants : un petit oiseau reste perché dans les cordages du *Bayard*, au-dessus de la dunette, pendant toute la cérémonie, et, malgré le fracas des détonations, ne cesse de jeter vers le ciel son petit cri plaintif.

Dans la journée, le *Roland* arrive de Hong-Kong et annonce que la paix a été signée le 9 juin.

Comme si le destin n'avait attendu que cette date, la mort s'est abattue au même instant sur le vaillant amiral. Il est encore heureux que cette paix se soit faite, car si les Chinois avaient su auparavant la mort de l'amiral, le traité ne se serait pas signé. Nos ennemis savaient trop bien que l'amiral Courbet à lui seul valait une flotte entière !

Quelques jours après, dans le cimetière français de Ma-Kung, les ouvriers du génie élevèrent une pyramide très simple à la mémoire de l'amiral.

Le retour. — Le 23 juin, en vertu des ordres du

ministre de la marine, le *Bayard* appareille pour revenir en France. A 11 heures 40 du matin, les feux des six chaudières sont allumés. A 3 heures, le navire appareille. Tous les équipages de l'escadre sont rangés sur les vergues. Le *La Galissonnière* tire un salut de 15 coups de canon au moment où le *Bayard* se met en route et passe entre le *Duguay-Trouin* et la *Triomphante*.

Le 1ᵉʳ juillet, le *Bayard* arrive à Singapour et salue la terre de 21 coups de canon, salut qui lui est aussitôt rendu.

Départ le 3 juillet; les navires de guerre anglais mettent leurs pavillons en berne.

Le 6 juillet, passage du détroit de la Sonde et entrée dans l'Océan Indien.

A Mahé. — Le 23 juillet, arrivée à Mahé, capitale des îles Seychelles. Le *Bayard* mouille dans l'intérieur du port. Mêmes saluts qu'à Singapour entre le navire et la terre.

Le 24, à 2 heures, visite à bord de Mᵍʳ Mouard, évêque de Mahé, et de son clergé. On salut ce prélat de onze coups de canon.

Le 25, service célébré dans la cathédrale par le clergé. La messe des morts est dite par Mᵍʳ Mouard. Pendant toute la durée de la cérémonie, la musique du *Bayard* se fait entendre. L'évêque prononce en quelques termes simples et touchants l'oraison funèbre de l'amiral. La population, qui est d'origine française, se porte en foule à bord du *Bayard*, apportant fleurs et couronnes sous lesquelles disparaît complètement le cercueil. On voit des jeunes filles s'agenouiller devant le mort glorieux, puis sortir de leur corsage des fleurs qu'elles disposent pieusement sur l'enveloppe funèbre. Plusieurs d'entre elles demandent qu'on veuille bien leur donner des brins de verdure qui ont reposé sur le cercueil et qu'elles désirent garder comme souvenir.

Le *Bayard* appareille le 27 juillet, à 6 heures 20 du matin, et sa musique salue une dernière fois les habitants de Port-Victoria.

Le 2 août, arrivée à Aden, à 4 heures du soir. Saluts obligatoires. Visite à bord de M. de Gaspari, vice-consul de France, qui dépose sur le cercueil deux palmes, seule verdure qu'il a pu se procurer dans ce pays brûlé par le soleil.

Départ le 4 août et arrivée à Suez le 9 août, à 3 heures du soir.

Kélung, 30 août 1884. — Obus chinois éclatant sur la passerelle du *Bayard*.

CHAPITRE III.

Le Bayard. Les pertes de l'équipage. Les avaries. Les officiers.

Le *Bayard*. — Quelques mots maintenant sur le *Bayard* dont le nom est devenu aussi populaire en France que ceux du *Vengeur* et de la *Belle-Poule*.

Le *Bayard* est une cuirassé de station, construit à Brest du 19 septembre 1876 au 27 mars 1880, sur les plans de M. Sabattier, directeur des constructions navales.

Les machines, d'une force totale de 825 chevaux nominaux, ont été faites au Creusot et montées à bord sous la direction de M. l'ingénieur Mathieu.

La coque est en bois, les œuvres-mortes en acier.

La longueur est de 81 mètres à la flottaison en charge. La largeur au fort est de $17^m,45$. On pourrait coucher en travers sur le pont du *Bayard* une maison de Paris à cinq étages. La profondeur de carêne est de $6^m,80$. Le creux sur quille est de $7^m,78$. Déplacement, 6,000 tonneaux. Tirant d'eau arrière ; $8^m,10$; avant, $6^m,50$.

L'armement se compose de 4 canons de 24 centimètres en tourelles ; deux en jumelles à l'avant; deux centrales. En outre, deux canons de 19 centimètres (un en chasse sous la teugue, un en retraite sous la dunette).'

Dans la batterie, six canons de 14 centimètres, Douze hotchkiss, sont répartis : six dans les hunes, six sur les gaillards.

Deux petits canons de 65 millimètres pour la compagnie de débarquement.

Sur les flancs, deux torpilles divergentes. Deux projecteurs-électriques sur la passerelle.

La vitesse maxima du *Bayard* est de 14 nœuds, et la puissance réalisée aux essais de recette des machines a été, en tout, de 4,540 chevaux indiqués.

En cas d'abordage, les pompes de circulation peuvent enlever 3,300 tonneaux d'eau à l'heure. .

La coque est partagée en onze compartiments étanches qui peuvent être vidés séparément.

Les pertes de équipage. — L'équipage du *Bayard* se compose de 540 hommes, la plupart Bretons. La vue de ces braves gens, au teint hâlé et bruni par le soleil et la mer, montre de suite la somme de fatigues et de souffrances éprouvées par ces vaillants marins, dont le courage, l'énergie et le dévouement n'ont pas faibli un seul instant pendant cette glorieuse et pénible campagne.

Trente hommes de l'équipage ont succombé à bord. Cinq sont morts à l'ennemi; les autres de maladies.

Voici les noms des premiers :

Pobla, fusilier breveté, (Haï-Dzuong, 1883).

Labat, deuxième maître de manœuvre (Fou-Tchéou, 23 août 1884).

Coatanéa, gabier (Kélung, 6 août 1884).

Ménèz, quartier-maître de manœuvre (28 décembre 1884).

Arnaud, fusilier breveté (Sheïpoo, 14 février 1885).

Quatre officiers et vingt-sept hommes ont été blessés à l'ennemi :

MM. Ravel, lieutenant de vaisseau, aide de camp de l'amiral Courbet (Fou-Tchéou).

Latour, lieutenant de vaisseau, commandant le torpilleur 45 (Fou-Tchéou).

Diacre, aspirant de première classe (Tamsui).

Ratyé, aspirant de première classe (Kélung).

Perrot, torpilleur; Beven, canonnier; Pontré, gabier; Martel, canonnier; Lemoigne, canonnier; Le Carro, fusilier; Bignon, soutier (Thuan-An, 20 août 1883).

Callonnec, adjudant, Le Corvec, fusilier; Daniel, fusilier (Bac-Ninh, mars 1884).

Morel, quartier-maître canonnier; Le Saux, quartier-maître de manœuvre; Le Bihan, quartier-maître infirmier; Blanchet, fusilier; Beauverger, matelot; Le Rouzic, gabier; Berthelot, fusilier; Goupil, canonnier; Pagano, fusilier; Nicol, gabier; Doué, fusilier (Kélung, 6 août 1884).

Leber, caporal d'armes; Le Formal, gabier (Kélung, 30 août 1884).

Prévotière, fusilier; Berthelot (blessé déjà à Kélung),

fusilier ; Le Gallo, fusilier ; Rouault, fusilier (Tamsui,
8 octobre 1884).

Les blessures du navire. — Le *Bayard*, lui aussi,
porte encore dans
sa coque et dans
sa mâture, la trace
des projectiles qu'il
a reçus pendant la
campagne.

A Thuan-An, un
boulet annamite
perce la muraille
de la batterie du
côté tribord, frappe
sur l'affût de la
première pièce et
blesse à la poitrine
le torpilleur Perrot
qui était en train de
dîner. Un second
obus pénètre à tri-
bord dans la cham-
bre du commandant
Gourdon, alors lieu-
tenant - torpilleur.

A Kélung, un
obus troue le capot
de la cheminée ; un second démolit le kiosque de la
barre arrière : ses éclats labourent la tourelle centrale
arrière. M. Amelot, lieutenant de vaisseau, qui se trouvait en cet endroit, reçoit un éclat sur son casque et a
ses jumelles brisées dans la main.

Un troisième obus arrive à tribord derrière dans le
cabinet de l'amiral.

Un quatrième projectile se loge à tribord dans la cabine du docteur ; quelques filins sont coupés.

Ce jour-là, MM. Gourdon, second du *Bayard* ; Barbier, enseigne, et Ratyé, aspirant, se trouvaient sur la grande passerelle, regardant les hauteurs du côté tribord. Un obus Krupp, tiré des crêtes, rase le nez de M. Barbier, blesse M. Ratyé au menton, casse les fusils Kropatcheks au ratelier sur le blockhaus et laboure profondément la passerelle ainsi que les bastingages. Les trois officiers, à la détonation, croient que c'est un canon de 14, qui vient de tirer dans la batterie, et ne s'aperçoivent de leur erreur qu'en voyant la joue de l'aspirant Rayté tout ensanglantée, et les débris qui jonchent la passerelle.

Les officiers du Bayard. — Mon séjour à bord du *Bayard* m'a prouvé que les éloges que l'on fait de l'amabilité et de la courtoisie des officiers de marine ne sont pas exagérés.

Le commandant Parrayon, ainsi que je l'ai déjà dit, m'a accueilli avec une extrême amabilité, et plus on vit avec lui, plus on le trouve aimable. Il sait, d'un mot, vous mettre à l'aise ; on ne peut trouver une hospitalité plus complète.

Le commandant a comme convives habituels à sa table :

M. de Maigret, capitaine de vaisseau, ancien chef d'état-major de l'amiral Courbet, qu'il a suivi pendant toute la campagne, à Thuan-An, à Hanoï, sur les digues de Phu-Sa, à Sontay, à Shang-Haï, sur le pont du *Volta*, à Fou-Tcheou, dans la rivière Min, à Kélung, à Ning-Po et aux Pescadores.

M. Foret, capitaine de frégate, ancien secrétaire de l'amiral quand celui-ci était directeur de l'école des torpilles à Boyardville. Aide de camp de l'amiral aux escadores il alla reconnaître le barrage du port de akung et guida la compagnie d'infanterie de marine ui s'empara de l'île Fisher.

M. Gourdon, capitaine de frégate, second du *Bayard*. et officier est entré avec M. l'enseigne de vaisseau livièri le premier dans le fort nord de Thuan-An. A prise de Kélung, il était à la tête des compagnies de ébarquement, et, en février dernier, commandait à heïpoo l'expédition des deux canots à vapeur qui fit auter la frégate chinoise *Yu-Yen*.

M. Edet, commissaire d'escadre depuis le commence-nent de la campagne. Très aimable compagnon et eintre-amateur des plus distingués.

M. l'abbé Rogel, aumônier du *Bayard*, qui assista amiral Courbet à ses derniers moments. Breton des plus énergiques, toujours à la suite de la compagnie de lébarquement. A Kélung et aux Pescadores, il marchait u feu avec la première ligne de tirailleurs, marins ou antassins.

C'est avec ces messieurs que le commandant m'a très gracieusement invité à vivre.

Sur l'avant des appartements de l'amiral sont placées les deux bords les chambres des officiers.

Au milieu, le carré éclairé par un panneau à claire-voie. C'est un grand rectangle long de 10 mètres et arge de 8. Un double panka en toile orné d'ancres et l'étoiles rouges et noirs, don gracieux de l'un des offi-ciers, donne de l'air pendant les repas. Aux murailles sont accrochées des photographies maritimes, *Bayard*, *Duquesne*, *Annamite*, *Tonnerre*, *Bélier*, etc.; sur des étagères, ou dans les bibliothèques, des piles de jour-naux politiques et de journaux illustrés où j'ai retrouvé avec plaisir l'*Illustration*, le *Temps*, le *Gil-Blas*, etc.

Sur un caisson brille une petite pagode annamite en

laque rouge et or, trophée de la prise de Thuan-An.

Là, j'ai eu le plaisir de faire la connaissance de vaillants officiers, qui, tous, ont eu leur histoire au Tonkin ou en Chine.

M. Receveur, lieutenant de vaisseau, chef du carré. Il commandait la batterie de 14 du *Bayard*, à Thuan-An, à Kélung, à Makung. Décoré après Kélung.

M. Amelot, lieutenant de vaisseau. Officier canonnier des plus distingués; commandait les batteries de 65 de débarquement sur la plage de Thuan-An, à Sontay, à Bac-Ninh, à Kélung, aux Pescadores.

M. Gourjon du Lac, lieutenant de vaisseau, commandait la compagnie de débarquement à Thuan-An, à Bac-Ninh, à Kélung, à Tamsui, aux Pescadores.

M. Duboc, lieutenant de vaisseau. Au Tonkin depuis le mois de novembre 1882. Était, avec le commandant Rivière, à la prise de Nam-Dinh et à la funeste affaire du Pont-de-Papier où celui-ci trouva la mort. Là, M. Duboc, fut blessé à la jambe. Aide de camp du général Bouët, il assiste, en août et septembre 1883, à la prise de la pagode des Quatre-Colonnes et au combat de Palan. Second du *Château-Renaud*, il prend part, en août 1884, à tous les combats livrés sur la rivière Min. Enfin, à Sheïpoo, cet énergique officier, en compagnie du commandant Gourdon, fait sauter le *Yu-Yen*. Bien qu'à peine âgé de trente-trois ans, M. Duboc est officier de la Légion d'honneur.

M. Goudot, lieutenant de vaisseau, ancien deuxième aide de camp de l'amiral Courbet, qui le choisit sur le *Nielly* pour remplacer M. Ravel, rentré en France, après Sheïpoo. Cet officier, à la prise des Pescadores, alla, pendant la nuit reconnaître le barrage de Makung, en compagnie du commandant Foret.

M. de Marliave, lieutenant de vaisseau, mis à l'ordre

du jour de l'armée du Tonkin, pour être entré le premier dans le fort de Dapcau, à la prise de Bac-Ninh.

M. Campion, lieutenant de vaisseau, ancien capitaine du torpilleur 46. Était à bord du *Duguay-Trouin* sur la rivière Min. S'est surtout distingué à Kimpaï, où, au prix des plus grands dangers, il fit sauter les pièces des redoutes chinoises.

M. Habert, lieutenant de vaisseau, secrétaire particulier de l'amiral Courbet, était à bord du *Lynx* à la prise de Thuan-An et au combat de la Pagode.

M. le docteur Breton, un vaillant médecin s'il en fut. En août 1884, sur la rivière Min, a soigné sur le pont de la *Triomphante*, sous le feu de l'ennemi, les blessés de notre escadre.

M. le sous-commissaire Guéguen, décoré pour sa brillante conduite aux Pescadores.

M. Hervaux, mécanicien principal de première classe, qui remplissait les fonctions de mécanicien en chef de l'escadre de l'Extrême-Orient.

M. Lahitte, ingénieur d'escadre, a organisé l'arsenal de Haï-Phong où il a fait monter sous sa direction, toutes les canonnières qui ont fait merveille au Tonkin sur le fleuve Rouge (Song-Cau), pendant toute la campagne; a également organisé l'arsenal de Kélung.

M. Rollet de l'Isle, ingénieur hydrographe, habile dessinateur ; il possède un album, sur la campagne, des plus intéressants. Pendant les combats de la rivière Min, monté dans un petit you-you il sondait le lit de cette rivière sous le feu des Chinois. Avec son chef, M. l'ingénieur Renaud, qui vient de rentrer en France, il a fait l'hydrographie de Kélung et des Pescadores.

M. Serrant, mécanicien principal de seconde classe ; a fait une partie de la campagne sur le *d'Estaing* et l'a terminée sur le *Bayard*.

M. Coppin, aide-médecin, qui a toujours secondé le docteur Breton avec le plus grand dévouement.

Enfin **M. Zi,** interprète chinois du *Bayard,* élève des missionnaires de Paris. Malgré la clause du traité qui garantit le respect de la vie des pilotes et interprètes chinois que nous avons employés, M. Zi, nullement rassuré, a préféré aller à Paris, voir ses anciens professeurs.

— Si en ce moment, me disait-il, je retournais à Shang-Haï, les Chinois sont tellement traîtres (*sic*), que leurs mandarins seraient bien capables de faire déposer un cadavre quelconque à ma porte, de le percer d'un coup de poignard, et de trouver deux ou trois faux témoins qui déclareraient que c'est moi qui est l'assassin. Aussi je serais condamné à mort pour meurtre et j'aurais le cou coupé sans que votre gouvernement pût me réclamer !

L'artillerie de Suez salue le *Bayard* à son entrée dans le canal.

CHAPITRE IV.

La traversée du canal de Suez.

Canal de Suez, 10 août.

Ce matin, à 4 heures 50, les tambours et clairons du *Bayard*, qui battent et sonnent la diane, me réveillent dans l'excellent cadre où je viens de passer la nuit et qui est « pendu » à l'entrée de la batterie. Je monte sur le pont où les marins commencent le lavage quotidien à grand renfort de sable, de brique, de fauberts et de balais.

En même temps, on fait des déplacements pour réduire le tirant d'eau arrière du *Bayard*, de 8ᵐ,15 à 7ᵐ,50. Les canonniers et les gabiers transportent à l'avant les obus, voiles, cordages, vivres, sable, etc.

Passage de l'Orne. — A sept heures et demie, un grand transport français, l'*Orne*, sort du canal, chargé

3

de troupes d'infanterie de marine pour Madagascar. Ce navire nous passe par tribord derrière à 100 mètres, le pavillon en berne. L'équipage est aux postes d'inspection, la garde en armes, les troupes rangées par compagnies. Les officiers en épaulettes et tête nue, sont alignés sur la dunette. Les clairons sonnent aux champs.

Rien de plus imposant que cette manifestation toute spontanée.

A 8 heures, le commandant Parrayon m'invite à l'accompagner à terre où il va rendre au gouverneur de Suez la visite que celui-ci lui a faite la veille au soir à bord du *Bayard*.

Je prends place dans la baleinière à la remorque du canot à vapeur, que le quartier-maître Boigeol dirige avec la plus grande adresse, appuyé sur la tente et manœuvrant la barre avec son pied nu.

Nous débarquons à Port-Tewfick et prenons le train, qui, en moins de dix minutes, nous dépose à Suez.

Nous traversons le quartier européen, dont la population salue le commandant Parrayon avec la plus grande déférence.

Chez le gouverneur de Suez. — A la porte du palais du gouverneur, la garde se tient sous les armes. Ce sont des zaptiès (gendarmes) habillés en toile blanche, tunique et pantalon droit. Leur *tarbouch*, en drap rouge, est recouvert d'une *couffie* en soie qui retombe sur les épaules.

Un jeune officier nous conduit dans la salle de réception du premier étage dont le plafond est orné de peintures aux tons criards, représentant des paysages et des trophées d'armes. Le mobilier est d'importation européenne, style Louis XV, en bois sculpté et doré, garni de soie rose.

Le gouverneur, qui est un syrien de religion chrétienne, porte l'uniforme bleu galonné d'or des officiers égyptiens. Il parle admirablement notre langue.

— Je tiens beaucoup, dit-il, à ce que mon artillerie salue le *Bayard* à son entrée dans le canal ; je veux faire ranger tous mes soldats en bataille (*sic*); jamais je ne ferai assez pour des marins français !

Après avoir accepté la tasse de café et la cigarette traditionnelles à toute visite chez un fonctionnaire égyptien, nous rentrons à bord du *Bayard*.

A midi 45, la navire appareille. L'équipage aux sons des tambours et des clairons vire au cabestan.

Entrée dans le canal. Le salut. — A une heure, le *Bayard* entre dans le canal, les vergues brassées en pointe, les canots et bossoirs rentrés.

Suez avec ses maisons à moucharabies et ses minarets élancés, se trouve à cinq kilomètres à notre gauche.

Au moment où le *Bayard* arrive à hauteur du fortin où le pavillon égyptien est en berne et où les uniformes blancs des zaptiés rangés en bataille se détachent sur le fond jaunâtre du parapet :

— Envoyez! dit le commandant Parrayon, et le pavillon rouge égyptien au croissant et à l'étoile blancs est déferlé au sommet de notre grand mât. En même temps une détonation retentit, répercutée au loin par les berges du canal. Un nuage de fumée s'élève contre la muraille de tribord. Notre salut de 19 coups commence, auquel l'artillerie égyptienne répond coup pour coup.

Les deux remorqueurs qui marchent à notre avant et à notre arrière, ont mis en berne le pavillon de la compagnie du canal. Ce pavillon est également en berne à toutes les stations et sur tout le matériel flottant du canal. Détail touchant : sur une drague que manœuvrent des ouvriers français, ceux-ci ont arboré un petit drapeau tricolore, improvisé à la hâte avec trois lambeaux d'étoffe.

Nous marchons lentement; devant nous un grand vapeur anglais «patouille» affreusement et entrave notre marche.

Le désert à la nuit. — A 7 heures 50 du soir, le *Bayard* stoppe et s'amarre au n° 77. Nous assistons à un splendide coucher de soleil derrière les dunes de sable du désert, qui passent par tous les tons possibles du jaune pour se fondre dans une teinte rose des plus orientales. La nuit est magnifique. Au loin, on entend l'aboiement lugubre des chacals. A un moment une véritable pluie d'étoiles filantes, phénomène commun dans les nuits d'Orient, nous arrache un cri d'admiration.

Malgré la fraîcheur du soir, l'air est embrasé dans nos chambres où le thermomètre marque près de 35°.

Vers minuit, une alerte : nous sommes réveillés par le cliquetis des armes. Ce sont l'abbé Rogel et le commissaire Guéguen, qui, armés d'un *coup-coup* (sabre) chinois et d'une *cadouille* (cravache) annamite en nerf de baleine, font la chasse aux myriades de rats qui pullullent à bord et sont venus les troubler pendant leur sommeil.

Canal de Suez, 11 août.

Le *Bayard* se met en route à 7 heures 20 du matin; à neuf heures, nous entrons dans les grands Lacs Amers.

Le soleil qui s'est levé ce matin dans une vapeur rougeâtre, se reflète sur le sable et sur les eaux, et darde sur nous de véritables rayons de feu.

En vue d'Ismaïlia. — Vers deux heures, le *Bayard* entre dans le lac Timsah, dont la teinte bleuâtre se relève avec une vigueur singulière sur le fond jaune du désert.

Au loin, dans un massif de verdure, percent les blanches maisons d'Ismaïlia, qui est le type de la ville artificielle. Ce véritable oasis et ses superbes jardins ont surgi, en plein désert, au milieu du sable aride, dans une région où il n'y avait, avant sa fondation, ni une goutte d'eau, ni un brin de verdure. En effet, le lac Timsah, malgré la profondeur de ses eaux, est aussi artificiel que la ville d'Ismaïlia elle-même. C'est une simple dépression de terrain, dont M. de Lesseps a su profiter avec habileté. Le 27 avril 1852 fut posée la première pierre d'Ismaïlia.

La députation française. — Vers trois heures nous sommes en travers d'Ismaïlia. A ce moment trois petites chaloupes se détachent du rivage et se dirigent vers nous à toute vapeur ; à leur arrière le pavillon français flotte en berne.

A l'avant de la première nous distinguons M. Labosse, notre ami de Suez. Contre lui se tient son cavas supportant une immense couronne de fleurs naturelles. Le *Bayard* stoppe pour permettre aux chaloupes d'accoster

l'échelle de tribord. La députation des Français d'Ismaïlia, conduite par M. Labosse, son vice-consul, monte
à notre bord et dépose sa couronne sur le cercueil de
l'amiral. Ce pieux devoir accompli la députation se
rembarque, et une salve de cinq coups de canon salue
le représentant de la France.

En dépassant Ismaïlia nous remarquons un grand
palais fort lourd, comme tous les palais modernes de
l'Égypte et à l'aspect abandonné. Ismaïl-Pacha ne l'avait
fait construire que pour donner une fête à ses invités,
lors de l'ouverture du canal. Depuis cette fête, le palais
est fermé et le vent du désert souffle sans cesse dans
ses grandes salles inhabitées.

Plus loin, sur le bord même du canal, s'élève un
chalet jadis élégant, élevé à cette même époque pour
recevoir l'impératrice Eugénie. Le chalet a subi le sort
du palais. Le *kamsine* (vent du désert) l'a presque renversé.

Triste fragilité des grandeurs humaines. Il y a seize
ans le khédive Ismaïl et l'impératrice Eugénie, tous
deux au faîte de la grandeur et de la puissance, assis-
taient en cet endroit, à des fêtes dignes des Mille et une
Nuits.

Aujourd'hui l'un est exilé à Naples, et l'autre, cent
fois plus malheureuse, pleure, sous le ciel sombre de
l'Angleterre, la perte de son mari, de son fils et de son
empire.

A l'angle de ce chalet nous entrons dans le canal.
Les bords en sont très élevés; quelques roseaux y
poussent, mais en bien petit nombre; c'est en vain
qu'on a essayé de planter des arbres sur les talus que
forment les collines de sable; les eaux salées ne
conviennent pas à la végétation. On est, pendant un
certain temps, comme encaissé dans des murailles natu-

relles. Peu à peu, pourtant, les bords s'affaissent, le canal s'élargit, et mesure cent mètres de largeur ; quelquefois, des petits lacs, formés comme le lac Timsah par des dépressions de terrain, le longent d'un côté ou de l'autre.

La chaleur est toujours torride dans la journée ; il est presque impossible de supporter l'ardente réverbération du sable. De temps à autre le vol d'un lourd oiseau de mer, ou un bédouin, le long fusil en bandoulière, et drapé dans son burnous noir, rompent la monotonie des lignes uniformes du désert aux tons gris et bleuâtres. Çà et là, une dahabie détache sa svelte mâture sur le fond éclatant du ciel.

A la nuit le *Bayard* s'amarre à deux milles au-dessous de la station de El Kantara. Longtemps nous restons sur la dunette du navire, contemplant les feux des navires arrêtés dans le canal, les ombres lointaines projetées par les collines de sable et les nombreuses bouées lumineuses destinées à indiquer aux bateaux la voie qu'ils doivent suivre. Sous le ciel étincelant et semé d'étoiles, le désert silencieux nous enveloppe de son immensité.

Port-Saïd, 12 août.

A cinq heures et demie du matin, le *Bayard* reprend sa marche.

A huit heures et demie des débris de fer échoués sur les berges nous indiquent l'endroit où, à la fin de juin dernier, les torpilleurs du *Seignelay* firent sauter la drague échouée qui obstruait le canal.

En vue de Port-Saïd. — Vers midi, Port-Saïd commence à poindre à l'horizon. Cette ville, de même qu'Ismaïla, a été créée de main d'homme sur une lan-

gue de sable qui s'étendait entre la mer et des marais féti-
des, aujourd'hui disparus sous les eaux du canal.

A une heure et demie, le *Bayard*, en tenue de deuil,
les vergues en pantenne, le pavillon en berne, débouche
dans le port. Au grand mât flotte une longue flamme
de guerre que termine une étoile étincelante.

Port-Saïd se présente en face de nous, avec le mouvement et la rumeur bruyante d'un grand port, avec ses
immenses ateliers, ses rues en lignes droites, ses constructions européennes, et sa rade où circulent sans
cesse des barques, des canots, des chalands et des
bateaux. A droite, un immense désert tout plat qui se
prolonge jusqu'en Arabie ; à gauche, le lac Menzaleh ;
derrière le long ruban du canal qui se perd au loin dans
la brume. En face et au delà de la ville, les flots bleuâtres de la Méditerranée, de cette mer qui baigne aussi
la côte de France.

Tous les consulats, les édifices du gouvernement
égyptien, et les ateliers du canal, ont mis leurs
pavillons en berne, exemple imité par tous les navires
mouillés dans le port. A de nombreuses maisons particulières sont arborés des drapeaux tricolores, cravatés
de crêpes.

Le croiseur français *le Seignelay* et une corvette
égyptienne sont mouillés contre la jetée, à côté l'un de
l'autre, les pavillons en berne et les vergues en pantenne.

A partir du moment où le *Bayard* entre dans le port,
ces deux navires tirent chacun un coup de canon de
demi-heure en demi-heure jusqu'au coucher du soleil.

A peine à son poste de mouillage en arrière du *Seignelay*, le *Bayard* reçoit la visite de M. Saint-René Taillandier, notre chargé d'affaires au Caire, de M. Guillois,
notre vice-consul à Port-Saïd, d'un officier anglais, du

commodore de la corvette égyptienne et du commandant Bellanger du *Seignelay*.

Rien à dire de Port-Saïd, qui est une ville entièrement européenne et ne rappelle en rien l'aspect des cités
arabes. Sur les quais et dans la grande rue campent de
nombreux pèlerins, attendant les vapeurs qui doivent
les conduire à Djeddah sur la mer Rouge, première
étape de leur pèlerinage à la Mecque.

Passage de pèlerins. — Là, je vois réunis tous les
types de l'islam depuis les Kurdes et les Tcherkesses,
vêtus du long caftan à cartouchières, jusqu'aux noirs du
Soudan, en passant par les Turcs de Roumélie et les
Arabes de notre colonie algérienne. L'un de ces derniers
fait le salut militaire à des officiers du *Bayard* qui se
promènent sur les quais.

— Je suis un ancien tirailleur, leur dit-il, et un bon
Français ! — et relevant son burnous, il leur montre son
bras droit, sur lequel un camarade de régiment a tatoué
ces mots en français : « *Vive la France !* »

En mer. Route sur Bone, 13 août.

La messe à bord. — Ce matin une grande messe doit
être dite à bord du *Bayard*. Les timoniers dressent
l'autel à l'arrière sur le pont contre la chambre ardente
dont la porte est ouverte à deux battants. Une grande
tente formée à l'aide des pavillons des différentes puissances européennes recouvre l'autel, les bastingages et
tout l'arrière du *Bayard*.

Dès huit heures, au moment où on hisse à la corne le
pavillon national en berne, le *Seignelay* recommence
le coup de canon de deuil, alterné de quart d'heure en
quart d'heure avec celui de la corvette égyptienne. Une
foule nombreuse se presse sur les quais. Bientôt arrivent dans les canots du *Seignelay* et du *Bayard* notre

3.

corps diplomatique en grand uniforme, les cavas à l'avant des embarcations ; viennent debout successivement, les députations des Français de Port-Saïd et d'Alexandrie, le commandant du *Seignelay*, son état-major et un détachement de marins de ce navire.

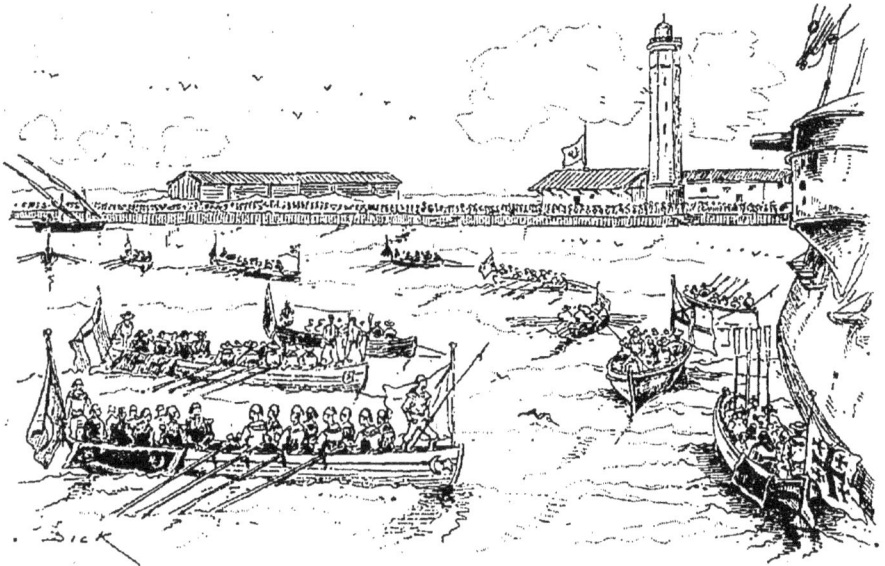

Voici la chaloupe des pères de Terre-Sainte et des sœurs de Saint-Jean de Jérusalem, où flotte le drapeau blanc à quintuple croix rouge du saint Sépulcre ; puis dans sa baleinière au pavillon de l'Union Jack, un officier anglais du croiseur le *Carysford*, représentant le commandant de ce navire, et enfin, dans un grand canot que manœuvrent des marins égyptiens au col rouge rabattu, le groupe étincelant de broderies du gouverneur et des officiers égyptiens.

Tous ces invités montent à bord du *Bayard* par l'échelle de tribord dont la rampe et la chaîne de retenue sont drapées de pavillons multicolores.

A dix heures moins le quart, la musique du *Bayard* placée sur les glacis, fait entendre la *marche funèbre de l'armée d'Italie.* Défilé des députations qui vont déposer leurs couronnes sur le cercueil de l'amiral.

En tête, les pilotes français du canal, la cocarde nationale à la boutonnière et portant sur leurs épaules l'immense couronne en jais et perles noires et blanches de la colonie de Port-Saïd ; puis la couronne en fleurs artificielles ornée de larges rubans brodés d'or, offerte par la colonie d'Alexandrie et que portent le premier député de la nation et un autre notable de cette colonie. Un adjudant et un fourrier portent la couronne du *Seignelay*, formée de feuilles de lauriers en velours vert sombre, rehaussées çà et là par quelques grains d'or. Sur les rubans tricolorés, les sœurs françaises de l'hôpital d'Alexandrie, ont brodé les emblèmes de notre marine, la plaque de la Légion d'honneur et les trois étoiles de vice-amiral.

Enfin mentionnons d'une façon toute particulière, deux simples et modestes couronnes offertes par les officiers, passagers et l'équipage du paquebot français le *Canton ;* elles sont formées d'une bouée de sauvetage voilée de crêpe et ornée de cocardes tricolores. Le fond est formé par une planchette grise sur laquelle a été peinte la médaille militaire, que l'amiral Courbet reçut en récompense de son merveilleux fait d'armes de Fou-Tchéou. Ce navire, qui passait à Port-Saïd dans les premiers jours de juillet dernier, apprit là la mort de l'illustre marin. En quelques heures, l'équipage fabriqua ces couronnes avec les seules ressources du bord et pria le consul de les déposer sur le cercueil de l'amiral à son passage dans cette ville.

A dix heures, la messe commence. L'abbé Rogel, en chasuble noire, est à l'autel, assisté par deux pères de Terre-Sainte, dont le capuchon de bure est rabattu sur le surplis blanc.

Au premier rang se tient le commandant Parrayon ayant à sa droite Ibrahim Tewfik Pacha, gouverneur de Port-Saïd, et M. Kleczkowski, consul de France à Alexandrie; à sa gauche M. Saint-René Taillandier, M. Guillois et M. Labosse. Derrière prennent place les officiers du *Bayard*, du *Seignelay*, et les députations de Port-Saïd et d'Alexandrie. A droite de l'autel sont age-nouillées six sœurs de Saint-Jean de Jérusalem.

Tous les officiers français sont en tenue de service, redingote avec épaulettes, pantalon blanc et claque.

De chaque côté des assistants, la haie est formée par les marins de la garde du *Bayard*, en vareuse bleue : le chapeau de paille recouvert de la coiffe blanche.

Au moment de l'élévation, tambours et clairons battent et sonnent aux champs; les marins de la garde présentent les armes, mettent le genou en terre et portent la main droite dans la position du salut militaire.

Vers midi nous recevons l'ordre de faire route pour Bone, où le *Bayard* doit trouver de nouvelles instruc-tions.

Dans l'après-midi nous recevons à bord de nombreux visiteurs, entre autres Ibrahim Tewfik Pacha, qui revient voir le commandant Parrayon, malgré une douleur assez vive qui paralyse presque son côté gauche.

C'est un homme d'une trentaine d'années, parlant admirablement notre langue, au visage jeune, sympathique et intelligent.

Le dernier visiteur qui quitte le bord est notre excellent consul, M. Labosse, que nous avons successivement trouvé à Suez, à Ismaïlia, à Port-Saïd, et qui est devenu le véritable ami du bord.

M. Labosse, qui vit depuis une quarantaine d'années en Orient et parle admirablement les différentes langues de ces pays, est un de nos agents diplomatiques les plus actifs et en même temps les plus précieux. Son influence s'est particulièrement fait sentir en Abyssinie, où, l'année dernière, il a passé six mois auprès du roi Jean, à l'époque où l'amiral anglais Hewet s'efforçait en vain d'entraîner le monarque abyssinien à marcher contre les guerriers du Mahdi.

Départ de Port-Saïd. — A six heures du soir le *Bayard* et le *Seignelay* appareillent.

A six heures et demie, les deux navires se mettent en marche, le *Bayard* en tête.

A bord de la corvette égyptienne la garde présente les armes sur la passerelle. Dans les canots amarrés le long du bord, les marins égyptiens sont debout et font le salut militaire.

A notre passage leur musique joue la *Marseillaise*, à laquelle notre musique répond en exécutant la *Marche du Khédive*.

A la sortie de la jetée, nos deux navires redressent leurs vergues.

Bientôt les pilotes nous quittent, le soleil disparaît sous l'horizon en jetant un dernier rayon d'une belle lumière verte.

Le *Bayard* signale au *Seignelay* de suivre sa destination; ce navire salue de dix-neuf coups de canon aux-

quels répond encore dans le lointain le canon de la
corvette égyptienne, puis il nous dépasse et fait route
pour Alexandrie, pendant que le *Bayard* s'élève vers la
haute mer.

Fou-Tchéou, 23 août 1884. — L'amiral Courbet sur le pont du *Volta*.

CHAPITRE V.

Deux héros.

En mer, 14 août.

Le temps est magnifique. Dans la matinée, en me promenant dans la batterie, les officiers me présentent deux seconds-maîtres qui ont accompli des prodiges de valeur durant cette campagne.

Tous deux sont Bretons, et me racontent leur histoire avec la plus naïve bonhomie, sans se douter qu'ils sont de véritables héros.

Le second-maître Morel. — Le premier est un second-maître canonnier. C'est un magnifique garçon de haute stature; les traits intelligents et remplis de douceur. Une première blessure lui a déchiré les cartilages du nez; une balle lui a labouré les lèvres ; sa longue barbe châtain dissimule un peu cette seconde blessure. Quand son tricot de laine s'entr'ouvre on aperçoit au côté droit de la poitrine, contre son scapulaire, une profonde cicatrice : une balle l'a atteint à cet endroit et est ressortie par le dos, un peu au-dessous de l'omoplate du même côté.

Sur sa vareuse de laine se détachent les rubans de la Légion d'honneur, de la médaille militaire et de la croix du Cambodge. A voir ce grand garçon, si simple et si doux, on ne se douterait guère qu'à la prise de Makung il a, à lui seul, tué huit soldats chinois.

Il se nomme Pierre-Marie Morel et est né le 14 mai 1858, à Saint-Jacut-du-Méné, près de Lamballe (Côtes-du-Nord).

Quartier-maître à la compagnie de débarquement du *Bayard*, il fut mis à l'ordre du jour de l'armée pour sa brillante conduite à la prise de Bac-Ninh, en mars 1884.

A l'attaque du fort de Dapcau, Morel et l'enseigne de vaisseau de Marliave entrent les premiers dans le fort. Puis, pendant que celui-ci, plante en terre le pavillon tricolore, le quartier-maître monte sur le parapet, agite son fusil au cri de « Vive la France ! » et se jette à la poursuite des fuyards chinois. Trois fois, le capitaine de frégate de Beaumont, commandant les fusiliers marins, est obligé de le rappeler. A un moment, le brave Morel, apercevant un régulier bleu, tapi dans les mûriers qui ajuste son chef, le prévient et l'étend raide mort d'un coup de feu.

A la suite de cette campagne, Morel reçoit la médaille

militaire. Plus tard il obtint la croix et les galons de second-maître.

En août, la compagnie de débarquement du *Bayard* est embarquée à bord de *La Galissonnière*, qui prend part au premier bombardement de Kélung, le 5 août. Ce jour-là, Morel est employé comme chef de pièce, et à chaque obus de son canon de 24, fait un coup d'embrasure. Dans la soirée les compagnies de débarquement sont jetées à terre, et occupent les hauteurs dominant les forts évacués par les Chinois.

Le lendemain, l'ennemi, au nombre de près de 3,000 hommes, nous attaqua et força nos troupes à regagner les navires de l'escadre.

Laissons la parole à notre brave marin :

« Vers quatre heures du soir, j'étais en tête de ma section, sur la tête, quand tout à coup des centaines de Chinois débouchent des taillis; ils grouillent dans la brousse comme de vraies fourmis. Ce sont des soldats réguliers habillés en bleu avec des dessins blancs et portant un grand chapeau de paille accroché sur les épaules. L'un d'eux, qui a la peau toute noire, est nu jusqu'à la ceinture et habillé seulement d'un caleçon en toile.

» En avant court un chef vêtu d'un long manteau en velours noir avec des gris-gris (dessins) rouges dorés. Il est coiffé d'un petit bonnet et de la main gauche tient contre son épaule une de nos couvertures de laine qu'il a ramassée au poste avancé. Avec la main droite, il agite un bâton de commandement long de 80 centimètres et hurle comme un enragé.

» Je l'ajuste à quinze mètres et fais feu. Ma balle le traverse de part en part et atteint encore le soldat qui le suit ; tous deux tombent le nez dans la boue.

» Les Chinois nous entourent complètement. Je veux ouvrir le magasin de mon kropatchek et tirer dans le tas : impossible d'ouvrir le ressort de l'auget qui a été rouillé par la pluie de la nuit précédente.

» Trois Chinois m'arrivent dessus à ce moment ; l'un deux, un grand grêlé, me tire à six mètres ; sa balle m'atteint au côté droit de la poitrine, et ressort par derrière. Les deux autres Chinois font feu en même temps et me touchent au nez et aux lèvres.

» Malgré mes trois blessures, je reste debout, mais mon fusil m'échappe des mains. Je soutiens avec mon bras gauche mon bras droit, qui est engourdi.

« — Sauve mon fusil, » dis-je à un camarade qui ramasse mon arme et l'emporte.

» Deux Chinois sans armes prennent leur élan pour sauter sur moi et m'entraîner dans la brousse pour m'y couper le cou !

» Je ne puis me défendre ; je me sens perdu, quand tout à coup un obus lancé par le *La Galissonnière* éclate contre nous. Les Chinois s'arrêtent.

» Je fais volte-face et rejoins le commandant Martin du *La Galissonnière* et le quartier-maître Lapassade, du *Bayard*, qui se retirent les derniers.

» Mes camarades veulent me porter.

» — Pas besoin, garçons, leur dis-je ; il n'y a déjà pas assez d'hommes au feu !

» J'ai encore la force de descendre tout seul du fort sur la plage ; mais là, les forces m'abandonnent et je roule évanoui sur le sable.

» Les infirmiers me transportent alors à bord du *Villars* : j'en sors le 12 août et suis évacué par le transport la *Nive*, sur l'hôpital de Saïgon.

» Là, les médecins veulent m'envoyer en France. Je refuse ; je voulais me venger des Chinois.

» — Le poste d'un marin français qui se respecte, que je leur dis, est toujours le poste de combat. »

» Enfin, le 28 décembre, je reviens, à peine convalescent, à bord du *Bayard.*

» A la prise des îles Pescadores, le docteur voyant que ma blessure de la poitrine est encore ouverte, veut m'empêcher de descendre avec la compagnie de débarquement.

» Je tiens bon : — « Laissez-moi descendre, que je dis au docteur; il faut que les Chinois me paient ma chemise de laine (*sic*) ; il m'en faut un par blessure. »

» Le 31 mars, nous débarquons au Dôme et marchons sur Makung.

» J'avais tellement la haine des Chinois que j'étais comme un fou.

» Bientôt nous rencontrons l'ennemi. A 10 mètres de moi se trouve un chef qui agite un grand drapeau rouge et blanc. Je le tue d'un coup de feu.

» Dans ma fureur, je veux lui planter son drapeau dans le ventre. Je me baisse pour le saisir, et dépose mon fusil à terre, quand, tout à coup je me trouve nez à nez avec trois Chinois, habillés de blanc avec des gris-gris rouges qui sortent d'un petit chemin creux.

» Je ramasse mon fusil et embroche le premier avec la baïonnette : les deux autres tournent les talons et se sauvent; mais avec deux balles, je les nettoie.

» Peu après, j'aperçois un grand Chinois. Pendant plus de cinq minutes, je cours après lui ; je voulais le prendre vivant et le tuer avec son propre fusil; mais mon ancienne blessure à la poitrine me fatigue ; je ne puis le saisir. Je suis forcé de le tirer : mes deux premières balles le manquent ; la colère fait trembler mon bras. Enfin une troisième balle l'atteint dans le dos.

» Il tombe en criant comme un voleur, et se redres-
sant, s'assied, puis tire son coup-coup pour en frapper
le sergent d'infanterie de marine qui le cloue à terre
d'un coup de baïonnette.

» Nous arrivons au fort de l'isthme qui barre l'entrée de Makung. Nos chefs nous font coucher un instant.

» Je me glisse en rampant jusqu'aux glacis.

» Tout à coup le clairon sonne la charge.

» — En avant! »

» Je suis debout : je cours et j'entre le premier dans
le fort par la grande porte qui est restée ouverte.

» A l'entrée j'abas un Chinois d'un coup de baïonnette ; les autres me voyant arriver suivi des camarades, se sauvent sans demander leur reste.

» Je tue d'une balle un autre Chinois qui se patine
(se sauve) au milieu de la cour.

» Nous fouillons les cagnas où logeait la garnison.
Dans l'un d'eux, en marchant sur les nattes, je mets le
pied sur quelque chose de rond qui remue et veut se
glisser sous un lit.

» Je soulève la natte : c'est un Chinois qui s'est
caché là. Se voyant découvert, il veut se redresser ; je
ne lui en laisse pas le temps et d'un coup de crosse
lui écrase la tête comme une coquille de noix. C'est le
dernier que j'ai pu avoir sous la main.

» Je n'aurais pas dû en faire mention, car ce n'est
pas de l'ouvrage proprement faite (*sic*).

» Les Chinois avaient payé ma chemise de laine. Je
ne compte pas ceux que j'ai pu atteindre de loin. Je
parle seulement des huit que j'ai tués de près. Ceux-là
sont de ma connaissance, » — ajoute modestement le
brave Morel, en terminant son récit.

Le second-maître Julaude. — Son camarade et collègue, est également un enfant de la Bretagne. Clément-Jean Julaude est né à Lorient, le 19 janvier 1854. De taille moyenne, à l'allure leste et dégagée; les traits hâlés encadrés par une courte barbe noire.

A l'affaire de Kélung, où fut blessé Morel, Julaude resta au milieu de l'ennemi pendant toute la nuit et ne parvint que le lendemin à regagner l'escadre après avoir accompli un odyssée des plus épiques.

Nous lui laissons la parole :

« Le 5 août, après que l'escadre eut bombardé les forts de Kélung, la compagnie du *Bayard* dont je commandais la 3e section et la compagnie du *Villars* descendirent à terre, à neuf heures du matin, et occupèrent les deux forts dont nos obus avaient chassé les Chinois.

» Notre compagnie, avec le personnel de la batterie de 65, dont les canons avaient été laissés à bord, s'installa dans le fort bombardé par le *Villars*.

» On laisse passer la grande chaleur.

» A deux heures, la compagnie se met en marche pour occuper une hauteur qui nous domine.

» Arrivés en haut, nous trouvons un camp de grandes tentes en coton blanc que les Chinois viennent d'abandonner, en nous tirant quelques coups de fusil.

» Nous allons camper sur une seconde hauteur encore plus élevée, où nous passons la nuit. ?

» A trois heures du matin une pluie torrentielle nous tombe sur le dos ; nous n'avons pour nous garantir que nos couvertures de campement, aussi sommes-nous trempés jusqu'aux os.

» Au jour, nous élevons à la hâte quelques talus de défense dans la terre glaiseuse et détrempée par la pluie. Nous sommes entourés de tous côtés par des broussailles épaisses aussi hautes qu'un homme.

» Dans la journée, on nous monte de la rade quelques morceaux de toile et des cordages avec lesquels nous dressons des tentes-abris. Des marchands chinois, des espions sans doute, viennent jusqu'à nous, sous prétexte de nous vendre des fruits et du choum-choum (eau-de-vie de riz), mais en réalité pour compter notre nombre. Notre commandant leur ordonne de se retirer, sinon il leur fera tirer dessus. Ces deux ou trois mercantis disparaissent dans la brousse.

» Vers les trois heures, le premier-maître canonnier La Martinière, descend dans un ravin du côté de la vallée des Mines pour chercher de l'eau.

» Dans un creux de terrain, il découvre une case, entre dedans et aperçoit couché sur un lit, un Chinois vêtu de bleu, la cuisse bandée par un linge ensanglanté.

» La Martinière s'approche, et en soulevant le kéo du blessé, aperçoit dessous un costume d'officier en drap blanc, garni de velours noir et de deux galons d'or. Il remonte aussitôt nous prévenir de sa découverte, et part avec dix hommes de corvée pour ramener le blessé.

» Mais la pente est escarpée ; il nous est impossible de monter le Chinois ; nous le laissons sur le sentier ; les siens sauront bien venir le reprendre pendant la nuit.

» A quatre heures, La Martinière, Drouet, deuxième-maître canonnier, Guillot, deuxième-maître de timonerie, le maître torpilleur de La Galissonnière et moi nous nous réunissons autour d'une marmite en terre que nous avons prise dans le fort et où cuit notre dîner.

» Nous sommes affamés : aussi regardons-nous avec satisfaction les deux poules grasses et le morceau de lard qui bouillent dans notre soupe au riz.

» A ce moment, un coup de feu suivi d'une salve

retentit au poste avancé, que commande M. Barbier, enseigne de vaisseau.

» Aux armes! crient nos sentinelles. Nous courons aux faisceaux et prenons nos kropatcheks, tout en jetant un regard navré sur notre soupe qui est cuite à point.

» Une nuée de Chinois venant de Kélung, suit les crêtes en tirailleurs, les hommes sautant comme des chèvres au milieu des broussailles.

» Ce sont des réguliers en uniforme bleu à parements rouges.

» En ce moment, la compagnie du *Villars*, forte de 50 hommes, qui allait par la plage vers la ville de Kélung, est arrêtée par une vive fusillade et se replie, perdant un homme tué et un homme blessé.

» De notre côté, la fourmilière des Chinois augmente de plus en plus. Ils sont bien là plus de 2,000 qui crient comme des ânes et qui vont entourer les 143 hommes du *Bayard*.

» Le commandant Martin et M. Gourjon du Lac, lieutenant de vaisseau, m'envoient aussitôt avec ma section prendre position à 40 mètres en arrière du poste avancé pour lui servir de soutien.

» Le feu commence : Le Saux, quartier-maître de manœuvre, chef de la première escouade, et Le Rouzic, gabier d'artimon, sont blessés.

» Accablé par le nombre, le poste avancé se replie sur nous. Les Chinois s'avancent de plus en plus et nous cernent de tous les côtés, sauf par un petit sentier qui conduit à la plage.

» Le commandant Martin ordonne la retraite. Presque tous nos hommes descendent précipitamment, glissent et roulent sur la pente glaiseuse détrempée par la pluie.

» Morel, quartier-maître canonnier ; Jouan, caporal d'armes ; Le Fournis, second-maître canonnier ; Frémi-net, sergent fourrier, un canonnier et moi nous nous rallions au grand pavillon tricolore monté sur une hampe en bambou haute de 7 mètres et solidement amarré dans le sol. Au pied, se tiennent le commandant Martin et l'enseigne Barbier.

» — Camarades, dis-je aux autres, il ne sera pas dit que nous laisserons notre drapeau aux mains des Chinois. »

» Sans prononcer un mot, Lapassade me donne son fusil et se met à grimper au haut du bambou pour en démarrer le pavillon.

» A ce moment, deux cents Chinois environ formant l'avant-garde, débouchent de la brousse en hurlant et la baïonnette au canon.

» — Enfonçons-les, camarades, crie le canonnier ; en avant ! et vive la France ! »

» A une douzaine que nous sommes, nous répétons : « En avant », et allons courir sur les Chinois. Le commandant Martin nous arrête et nous les fait refouler par un feu de salve bien dirigé.

Pendant ce temps, Lapassade, sans s'inquiéter des balles que lui tirent les Chinois, et qui lui sifflent dans les jambes, finit par couper les amarrages du pavillon et descend à terre. Le mât, privé de supports, s'abat.

» Un gabier Coatanéa, arrive au même instant du poste avancé, la tête en sang. Une balle l'a atteint au front, il chancelle et tombe en travers d'une tente-abri sur laquelle il reste étendu sans mouvement.

» On sonne en retraite. Jouan et moi nous emportons le pavillon et son mât qui nous gênent beaucoup pour descendre la pente de la montagne. Au bout de quelques pas, Jouan glisse, lâche le pavillon et roule pendant quelques mètres.

» Le commandant Martin, me voyant tout embarrassé, vient à moi et à nous deux nous portons le pavillon jusqu'au poste d'arrière-garde où se tient notre médecin-major, M. Landouar, et dont les quinze hommes tirent en s'abritant derrière les tentes chinoises prises la veille.

» La retraite continue. Je reste seul à traîner dans la boue le pavillon et sa hampe, je suis exténué : je demande un couteau à Morel pour couper le pavillon, il n'en a pas. A nous deux nous essayons de le démarrer de sa hampe, mais la corde mouillée par la pluie s'est resserrée sur le bambou, et nous en empêche.

» J'essaie de couper la corde avec les dents, impossible ! de faire glisser le pavillon le long de la hampe, impossible encore !

» Un marin blessé passe contre nous, trébuchant à chaque pas, Morel va le soutenir.

» Je reste encore seul, et vois les Chinois se précipiter sur moi au pas de course.

» A ce moment j'aperçois un grand bandit, un véritable colosse prendre le corps de ce pauvre Coatanéa, le charger comme un enfant sur ses épaules et disparaître avec lui dans la brousse.

» J'essaie, dans un effort désespéré, de casser la hampe de bambou à la hauteur du pavillon. Je passe mon fusil à la bretelle, puis saisissant la hampe à deux mains, je l'appuie de toutes mes forces contre mon genou.

» Le bambou craque et va se briser, quand, glissant tout à coup sur mon pantalon couvert de boue glaiseuse, il vient me frapper à toute volée en pleine poitrine.

» Je tombe à la renverse, et comme je me trouve sur

le bord de la crête, je roule dans le ravin, à travers la brousse, d'une hauteur de 4 à 5 mètres.

» Un arbre m'arrête, tout étourdi par ma chute.

» Au bout d'une minute, je reviens à moi, tenant dans ma main un grand fragment du drapeau que j'ai arraché en culbutant.

» Je me trouve assis sur une branche d'arbre et caché dans le feuillage; heureusement j'ai conservé mon fusil; par contre, ma montre en or, qui m'a coûté 220 francs et à laquelle je tenais beaucoup, a sauté de ma vareuse et est perdue.

» J'entends les Chinois passer au-dessus de moi en courant et occuper notre ancien campement. Là, ils pillent en hurlant et en se disputant.

» Tout à coup un chef crie un commandement; un coup de sifflet retentit, puis un feu de salve : mes camarades ripostent à 200 mètres en avant; leurs balles arrêtent les Chinois et viennent casser des branches au-dessus de ma tête.

» Bien que tapi dans la brousse, la curiosité l'emporte et j'essaye de regarder. A dix mètres au-dessus de ma tête j'aperçois à travers les branchages, les pantalons bleus et les pieds nus des Chinois filer dans un petit sentier frayé dans la brousse et large d'un demi-mètre environ.

» Aucun d'eux ne soupçonne ma présence en cet endroit. Ils m'ont vu disparaître au moment de ma chute et croient sans doute que j'ai roulé jusqu'au fond du ravin.

» La fusillade cesse peu à peu : les nôtres se replient vers la plage. Notre escadre les couvre de son feu. Un obus de 24 du *La Galissonnière* passe au-dessus de mon arbre et éclate sur la crête au beau milieu des Chinois; beaucoup sont tués ou mutilés; des cris de douleur retentissent; j'aperçois même plusieurs lambeaux de chair tomber autour de moi.

» Les Chinois se retirent alors de l'autre côté de la crête, mais jusqu'à sept heures du soir, j'entends les pillards se battre entre eux et se disputer.

» Jusqu'à neuf heures et demie, je reste toujours assis sur ma branche, n'osant pas bouger. Enfin n'entendant plus rien, je me risque à descendre de mon refuge, qui, à ma grande surprise, se trouvait seulement à un mètre au-dessus du sol.

» Il fait un magnifique clair de lune.

» Afin de m'orienter, je remonte sur la crête. Notre campement a été entièrement pillé : tentes, couvertures, cordages, bidons, tout a disparu.

» J'arrive à l'endroit où était installée la cuisine des seconds-maîtres; notre pauvre marmite a été renversée; les poules et le riz gisent dans la boue. Auprès, j'aperçois une boule de fromage de Hollande, des biscuits émiettés et une bouteille remplie de café qui appartenait au maître torpilleur du *La Galissonnière*.

» Je n'avais pas faim, mais je mourrais de soif. Je ramasse la bouteille qui par bonheur est restée intacte et je la bois entièrement.

» Grâce au café, je me sens tout à fait ranimé et prêt à tout.

» J'examine la position : je pense qu'il serait imprudent de descendre par la route qu'a suivie notre compagnie, car les Chinois pourraient bien l'occuper.

» Je descends alors par le ravin où La Martinière a trouvé tantôt l'officier chinois blessé; mais, arrivé à cent mètres de cette case, j'entends des chiens aboyer avec furie.

» Où il y a des chiens, il doit y avoir des hommes ! — pensai-je en moi-même.

» Je rentre aussitôt dans la brousse, et, pendant trois heures, je me dirige à l'aventure du côté de la rade, obligé de ramper quand j'ai des clairières à traverser.

» Enfin, vers deux heures du matin, j'arrive en vue d'une petite maison en pierres à moitié ruinée et abandonnée qui est située à 300 mètres au-dessus de la plage ; elle est construite sur le côté d'un jardin entouré d'une muraille blanchie à la chaux et sur laquelle je distingue une ombre immobile.

» Ce doit être un factionnaire chinois. Je me rapproche néanmoins en rampant au milieu des ajoncs. Arrivé à 15 mètres, je m'aperçois de mon erreur.

» Le mur est lézardé ; j'ai pris pour un homme la crevasse qui se détache en noir sur la muraille éclairée par la lune.

» Je me redresse et arrive dessus. Là, nouvelle alerte. Je crois voir deux chapeaux pointus en bambous dépasser la muraille, et deux fusils braqués par des meurtrières.

» Je mets baïonnette au canon et saute dans le jardin par la crevasse pour prendre les deux Chinois à revers et les embrocher.

» Une fois dans le jardin, je ris de ma bêtise. J'ai pris pour deux canons de fusils, les racines d'un arbre qui ont poussé à travers les fissures des pierres, et pour deux chapeaux pointus, des tessons de porcelaine encastrés sur la crête du mur.

» Je remets ma baïonnette au fourreau et je reprends ma marche, en traversant un champ de patates douces, dont les sillons mesurent 2 mètres de largeur sur 50 centimètres de profondeur. De ce champ, je tombe dans un taillis de jeunes bambous dominant le fort Villars, et plantés sur un terrain très en pente.

» Là, je me perds de nouveau ; pendant plus de deux heures, je cherche vainement mon chemin, glissant le long de l'escarpement et me retenant aux feuilles de bambou qui me coupent cruellement les mains.

» Enfin, vers quatre heures moins le quart j'arrive au sentier. Bientôt j'entends piquer quatre heures à bord du *Villars*.

» La lune vient de se coucher : il fait nuit sombre. Je parviens enfin à 40 mètres en contre-haut du fort ; je me cache derrière un arbre et j'attends le lever du jour pour voir par qui le fort est occupé. Si ce sont mes camarades, je les rejoindrai ; si ce sont les Chinois, je rentrerai dans la brousse et essaierai de me sauver par un autre point.

» J'attends ainsi pendant une heure. Il doit être cinq heures, car les clairons et les tambours sonnent et battent le branle-bas à bord du *Villars*.

» A ce moment, j'entends quelqu'un monter du fort dans ma direction.

» Le jour commence à poindre, j'aperçois en effet, un ombre, un fusil à l'épaule.

» Je mets de nouveau baïonnette au canon et cours à sa rencontre. Arrivé dessus je reconnais que c'est une vieille chinoise, qui, un long bambou sur l'épaule, va sans doute chercher du bois dans la montagne.

» A ma vue, elle se jette à genoux ; emporté par mon élan, je la dépasse en la culbutant et arrive à dix mètres au-dessus du fort, qui, à ma grande joie, est vide.

» Je hèle le *Villars* qui me répond et je descends la montagne, méconnaissable, nu-tête, car dans ma chute j'ai perdu mon chapeau.

» J'ai l'air d'un véritable brigand, avec mes vêtements déchirés et couverts de boue.

» L'équipage du *Villars* me prend pour un Chinois;

4.

les hotchkiss sont braqués sur moi ; les sentinelles me tiennent en joue.

» Arrivé sur la plage, je me fais reconnaître et je demande où se trouve la compagnie du *Bayard* pour la rallier. On me répond qu'elle est rentrée à bord du *La Galissonnière* et qu'il n'y a plus un seul marin à terre.

» En même temps on envoie le you-you avec quatre hommes pour me recueillir. Bientôt les camarades accostent ; j'embarque, je suis sauvé ! »

Sheïpoo, 15 février 1885. — Les canots à vapeur du *Bayard* torpillent
la frégate chinoise *Yu-Yen*.

CHAPITRE VI.

L'affaire de Sheïpoo.

En mer, 15 août.

Aujourd'hui, à neuf heures et demie, messe à bord.
La chapelle, entourée de pavillons, a été dressée sous
le glacis bâbord.

J'admire beaucoup les marins de garde qui, pendant
le service, se tiennent immobiles et au port d'armes,
malgré le roulis, de chaque côté de l'état-major.

Dans la journée, nous parlons beaucoup et comme toujours de l'amiral Courbet.

A Kélung, le brave amiral, blessé un moment au pied par un accident sur le *Bayard*, ne s'en faisait pas moins transporter en palanquin porté par des coolies à tous les postes avancés pour se rendre compte des opérations et donner du courage à ses soldats.

La qualité dominante de ce grand homme de guerre était une discrétion absolue sur les plans des opérations qu'il préparait d'une façon remarquable, ne laissant rien au hasard et n'oubliant pas le plus petit détail.

Les préparatifs de Thuan-An. — Le 15 août 1883, l'amiral signale à l'escadre mouillée à la baie d'Allong : « Préparez-vous à faire le tir trimestriel du canon en mer ! »

On dispose les buts sur chaque navire, l'un à la vergue de misaine, l'autre à la grand'vergue, parés à mouiller.

Le lendemain on appareille; on navigue en ligne de file dans le labyrinthe des rochers et l'on sort par la passe Henriette.

Déjà les îles Northway's sont au nord 25 est.

On hisse le pavillon 5.

« Prévenez la machine qu'on va stopper ! »

On descend le pavillon 5.

« Stoppe ! »

Le signal de mouiller les buts monte au grand mât du *Bayard*.

Au signal d'exécution, le tir commence; l'escadre contourne les buts et envoie tous ses projectiles d'exercice, à grand renfort de bruit et de fumée.

Le tir fini, on relève les buts et l'on va..... à la baie d'Allong ?

Non, dans le sud.

On passe devant Thuan-An, on mouille à Touranne, où l'on trouve l'*Atalante*.

Le lendemain, l'escadre appareille en colonnes par division. Où diable peut-on aller? On va dans le nord, à Thuan-An, sans doute.

L'amiral signale branle-bas de combat; plus de doute, on va à Thuan-An. Quelques heures après on commence le bombardement. Deux jours après, on occupait les forts de la rivière Hué.

Tout le monde savait alors le secret, On était dans Thuan-An.

L'affaire de Shéïpoo. — Le 5 février, l'escadre était à Kélung; l'amiral Courbet signale tout à coup au *Bayard*, à la *Saône*, à l'*Éclaireur* et à l'*Aspic :* « Préparez-vous à appareiller à la vapeur! »

On embarque les canots; on rabat les pistolets d'embarcation; on allume les feux de quatre chaudières. A peine a-t-on de la pression :

« Appareillez! »

Il est trois heures cinquante du soir. Où va-t-on? Le *Bayard* tient la tête, la *Saône* suit, l'*Éclaireur* et l'*Aspic*.

La route au nord 67 ouest.

Comme la brise est fraîche, on dépasse le mât de petit perroquet, qui restait guindé en rade de Kélung pour que l'amiral pût, de la pomme du mât de misaine, hissé dans une barrique d'habillement, observer les mouvements et les travaux de l'ennemi.

La brume se lève pendant la nuit; les navires ne se voient plus; cependant, en sifflant avec la vapeur et en signalant son numéro au clairon, l'amiral sait que tous ses navires le suivent.

On sonde au Thompson pour savoir où on est.

Le jour se lève : on ne voit toujours rien. Tout d'un coup l'*Aspic* siffle et tire quatre coups de canon et un coup de fusil..... Une éclaircie se produit et on voit au mât de l'*Aspic* le signal : « La terre dans le sud-ouest. »

C'est probablement White-Dog (le Chien blanc). Le pilote Johnson l'a presque reconnu ; mais soudain, il se précipite sur la barre en criant : Sea-Dog! Sea-Dog! (Chien de mer!)

— Tribord tout !

Le *Bayard* obéit et bientôt on voit droit devant *Sea-Cat*. (Chat de mer.)

On laisse le Chat de mer sur tribord, et on arrive à Matsou où l'on trouve la *Triomphante* et le *Nielly*.

On envoie l'*Aspic* dans la rivière Min.

L'*Aspic* annonce que les croiseurs chinois ne sont pas dans la rivière Min.

Nous sommes donc à la recherche des croiseurs chinois?

Le *Duguay-Trouin* rallie à deux heures quarante du soir. Il a le nez un peu dévoyé, parce que dans la brume il a donné en plein sur les White-Dog. Mais le *Duguay-Trouin* est solide.

Ordre à l'escadre d'appareiller, et à l'*Éclaireur* de chasser en avant dans la baie de Sam-Sah.

L'*Éclaireur* annonce que les croiseurs ne sont pas dans la baie de Sam-Sah.

L'escadre mouille, le 7 février au soir, dans la baie de Sam-Sah.

Le 8, l'escadre appareille à 6 heures 35 du matin. Ordre au *Nielly* de fouiller la rivière de Nam-Quan.

A 5 heures du soir, le *Nielly* annonce que les croiseurs ne sont pas dans cette baie, où l'escadre mouille pour y passer la nuit.

Le 9, au matin, à 6 heures 10, l'escadre appareille et l'*Éclaireur* chasse de l'avant.

A 4 heures 30 du soir, l'*Éclaireur* reprend son poste ; toujours pas d'escadre.

Le 10, on fouille les Chusan ; tout le monde au poste de combat.

Rien à Ting-Haë, la capitale. Dans les batteries, les Chinois sont à leurs pièces. — Mais nous n'avons pas à prendre Ting-Haë. Ce qu'il nous faut, c'est l'escadre chinoise.

Rien à la pointe Katow.

On revient par la passe de Buffalo et on se dirige sur l'entrée de la rivière Tse-Kiang. On mouille à Gutzlaff.

L'*Éclaireur* fait route pour Gutzlaff, où il prend les dépêches de M. Patenôtre.

Le 12, on appareille ; on retourne dans le sud.

Le 13, au matin, au petit jour, on devine la terre par bâbord. L'*Éclaireur* chasse en avant pour la reconnaître.

Soudain, le chef de timonerie aperçoit trois fumées.

Bientôt on signale cinq navires chinois au mouillage de Sheïpoo : trois croiseurs, une frégate, une corvette.

Ils appareillent au plus tôt paré.

La chasse commence.

La machine donne 78 tours ; on file 13 nœuds. Les croiseurs prennent le large.

La frégate et la corvette s'enfoncent dans la baie de San-Moon.

L'équipage est aux postes de combat.

— Hissez le petit pavois !

Le pavillon français flotte à tous les mâts. Les canonniers impatients sont à leurs pièces.

Le *Bayard*, le *Nielly*, l'*Éclaireur*, poursuivent les croiseurs.

La *Triomphante*, la *Saône*, l'*Aspic*, appuient la chasse à la frégate et à la corvette.

Les croiseurs chinois fuient à toute vitesse.

Sur les navires français, les chauffeurs, dans les machines, sont emballés.

Le *Bayard* file plus vite qu'aux essais. Le *Nielly* et l'*Éclaireur* suivent beaupré sur poupe.

Malheureusement, la brume se lève et dérobe à nos projectiles les croiseurs chinois.

L'escadre rallie le mouillage de Sheïpoo pour en bloquer toutes les passes.

Le *Nielly* et l'*Éclaireur* surveillent les deux passes de l'île Tungnum.

Le *Bayard* surveille la passe de l'île Sin. La *Triomphante*, la *Saône* et l'*Aspic* surveillent les passes au sud de l'île Nyew-Tew.

Toute la nuit on voit des feux sur la plage; les Chinois sont sur le qui-vive.

M. Ravel, aide de camp de l'amiral, envoyé en canot à vapeur dans la passe de l'île Sin, annonce que les deux bâtiments chinois sont au mouillage de Sheïpoo.

La frégate le *Yu-Yen*, à la pointe est de Tung-Num, et la corvette le *Tcheng-King* au quai de Sheïpoo.

Immédiatement, on arme les canots à vapeur en porte-torpilles.

Mais la mer est clapotteuse; l'eau embarque par l'avant et par les fargues; les fourches se faussent, l'attaque est impossible; on désarme les canots.

Le samedi 14, M. Ravel retourne dans le port de Sheïpoo, voir si les Chinois y sont encore. Les bâtiments n'ont pas bougé.

L'amiral décide l'attaque pour la nuit suivante : on aura toute la journée pour disposer les canots.

Ces canots, longs de 8^m,80, sont en tôle, lourds, surchargés. A l'avant, une carapace ou teugue protège les torpilleurs contre la gerbe soulevée par l'explosion.

Ils filent de 6 à 7 nœuds.

La veille, on a vu qu'ils piquaient du nez et ne pouvaient tenir la mer, aussi remplace-t-on les tôles de côté par des toiles peintes en noir.

Les canots sont fatigués; pendant un mois, dans la baie de Kélung, ils ont fait toutes les corvées, remorquant des chalands chargés de charbon ou de vivres, faisant les grand'gardes la nuit dans la passe des Jonques.

A huit heures du soir, conseil de guerre chez l'amiral Courbet.

L'amiral décrit la carte à la main, les différentes phases qui se présenteront dans l'attaque.

Quand il a terminé, aucune objection ne s'élève. Les bâtiments chinois semblent être déjà coulés, tellement les précautions ont été bien prises : tout a été prévu.

A onze heures et demie, les canots sont accostés successivement à la coupée de bâbord, ainsi que la vedette, petit canot à vapeur, dans lequel embarque M. Ravel, avec le pilote du Yang-Tse-Kiang, M. Muller.

Après avoir reçu les adieux de M. le commandant Parrayon et des officiers du *Bayard*, M. le commandant Gourdon, chef de l'expédition, et M. le lieutenant de vaisseau Duboc, avant de descendre dans les canots à vapeur n° 2 et 1, se serrent la main en se disant :

— Nous pouvons compter l'un sur l'autre; nous ne nous lâcherons pas.

Un bon bain de pieds jusqu'à mi-jambes, en embarquant, par suite de la houle qui déferle sur la coupée.

Voici les noms des intrépides marins qui montent ces deux canots à vapeur :

Canot n° 1.

MM. Duboc, lieutenant de vaisseau ;
Boigeol, quartier-maître de manœuvre ;
Lemeur, second-maître torpilleur ;
Rochedreux, quartier-maître canonnier, torpilleur ;
Paquet, torpilleur auxiliaire ;
Miguet, quartier-maître mécanicien, 2me classe ;
Chabord,   id.   id.   id.
Deganne, ouvrier mécanicien 1re classe ;
Bonin, fusilier breveté ;
Lalour, gabier supplémentaire ;

Canot n° 2.

MM. Gourdon, capitaine de frégate ;
Séquillon, quartier-maître de manœuvre ;
Rouillier, quartier-maître torpilleur ;
Montfort,   id.   id.
Germain, torpilleur breveté ;
Le Du, 2° maître mécanicien de 1re classe ;
Pâris, quartier-maître mécanicien 1re classe ;
Luslac, ouvrier mécanicien 2me classe ;
Arnaud, fusilier breveté ;
Rollando, gabier supplémentaire ;

Il fait très froid : le thermomètre marque de 3 à 5° au-dessus de zéro. Aussi, embarque-t-on une gamelle de thé punché dans chaque canot.

Les officiers sont en caban et casquette ; les hommes en paletot bleu et bonnet de travail ; par-dessus leurs vêtements est capelée la ceinture de sauvetage. La nuit est des plus obscures et sans lune. Pas une étoile au ciel.

La houle est grosse, et le courant de jusant assez fort. C'est une marée de syzygie, correspondant à la nouvelle lune, qui marque le premier jour de l'an de l'année chinoise, que les Annamites appellent *Tet*.

Dans son palais impérial de Pékin, le jeune fils du Ciel et son auguste tutrice ne se doutent pas de la carte de visite que les marins français se disposent à offrir à la flotte chinoise.

— En avant! commandent MM. Gourdon et Duboc, et la flottille s'enfonce dans la direction de la côte dont la silhouette noire se détache à peine sur le ciel.

En même temps, les épreuves électriques sont faites pour s'assurer que, dans les mouvements de tangage désordonnés des canots contre la muraille du *Bayard* et les abordages qui ont eu lieu, aucune rupture ne s'est produite dans les conducteurs des torpilles.

Nombreuses péripéties avant d'arriver à l'entrée de la passe de l'île Sin. On se perd et on se retrouve, soit par le sifflet, soit par les lueurs que projette l'ouverture du foyer des chaudières.

La ligne de roches et le petit mascaret (remous de brisants) sont enfin doublés.

Le courant contraire et les remous deviennent de plus en plus violents.

Tout à coup le commandant Gourdon s'écrie :

« Je suis échoué! »

Aussitôt M. Duboc se porte au secours de son chef qui lui dit :

« Merci! je suis dégagé. » Et la flottille reprend sa marche, dans cette passe sinueuse, bordée des deux côtés par des falaises rocheuses qui surplombent à une grande hauteur.

On navigue en peloton.

En tête, la vedette remorquant la baleinière; par le

travers de la baleinière, et de chaque bord, le canot 1 et le canot 2.

La vedette et la baleinière, peintes en blanc et en gris, sont peu visibles.

Après trois heures et demie de marche, l'expédition arrive aux îlots qui terminent la passe à l'entrée de la baie intérieure de Sheïpoo.

Là, les dernières dispositions sont prises. On s'arrête pendant un quart d'heure pour faire à chacun les dernières recommandations en ce qui concerne les torpilles, la conduite des feux et la manœuvre de la machine.

Cela fait, la flottille pénètre dans la baie, en marchant doucement, pour ne pas faire trop de bruit.

A un moment donné, la vedette déclare que la frégate n'est plus à son poste et a disparu.

On s'avance à tâtons dans la direction probable où se trouvent les navires chinois; quelques étoiles paraissent au ciel.

Les feux sont masqués avec soin et rien n'apparaît dans la direction de Sheïpoo.

Après vingt minutes de marche à cette allure, une mâture se détache à grand'peine sur le ciel, au-dessus de la côte. C'est la frégate le *Yu-Yen*.

Le commandant Gourdon accélère aussitôt sa vitesse, et appuie sur tribord. Le lieutenant de vaisseau Duboc, dont le canot a une machine des plus bruyantes, continue à marcher le plus doucement possible.

Des lueurs s'aperçoivent en avant, puis à droite et à gauche, ressemblant à des artifices et à des fanaux qu'on déplace. Peut-être célèbre-t-on la fête chinoise du jour de l'an?

Il est près de quatre heures du matin. Tout est encore silencieux, sauf dans les canots où le bruit de ferraille des machines, est quelque peu inquiétant.

Les marins sont attentifs et prêts à exécuter aveuglément les ordres de leurs chefs.

Chacun garde le silence et explore l'horizon.

La silhouette de la frégate grandit : on est environ à 600 mètres.

Des feux sur la côte suivent les canots; sont-ce des feux de joie, ou des coups de fusil? Les machines trop bruyantes, empêchant d'entendre le bruit des détonations, on les baptise feux de joie.

Les feux de joie arrivent à la frégate en même temps que les canots.

A deux cents mètres, le canot n° 2 pousse sa hampe et se lance à toute vitesse en prenant les trois mâts l'un par l'autre ; le patron Seguillon ferme à la barre.

Pas un mot dans le canot.

Rien sur la frégate. On commence à apercevoir le couronnement toujours obscur.

Soudain il s'illumine. De grandes flammes horizontales sortent des deux bords, des Nordenfelt, sans doute ?

Le canot n° 2 est découvert.

« Le plus vite possible !

Puis : « En arrière ! »

Un grand choc se produit. Le commandant Gourdon, qui se tient en équilibre instable sur la cloison arrière de la machine, pour mieux voir par-dessus la teugue, tombe la tête la première sur les sacs à charbon, dans la chaufferie.

Ses hommes le croient blessé.

Il n'en est rien heureusement.

L'intrépide officier se relève aussitôt et commande en arrière plus vite.

Au choc, la frégate a été soulevée par l'explosion, ainsi que le canot dont la teugue s'engage sous le cul-de poule du *Yu-Yen*, qui retombe lourdement sur la carapace en tôle.

Le canot ne cule pas.

Le quartier-maître Rouillier monte sur la carapace pour déborder avec les pieds. Un Chinois apparaît à un sabord et veut l'en empêcher ; d'un formidable coup de poing, Rouillier le renfonce dans l'intérieur.

A ce moment, un jet de vapeur énorme s'échappe du tiroir.

C'est le robinet graisseur qui a été cassé.

En même temps, on entend sur l'avant un cri de douleur. Un homme a été blessé.

On croit que c'est un mécanicien brûlé par la vapeur.

Le commandant Gourdon va voir sur l'avant et constate dans l'obscurité que c'est le fusilier Arnaud qui a été atteint par une balle venue de terre qui a percé la toile de bâbord. Le malheureux a été tué sur le coup.

On bouche le trou de la vapeur avec une baïonnette, puis avec un morceau de bois, pendant que les torpilleurs déboulonnent la hampe, qu'on suppose engagée sous la fesse de la frégate.

La hampe tombe à la mer et bientôt le canot cule rapidement.

En ce moment le canot n° 1 du lieutenant Duboc, arrivant à toute vitesse, semble se précipiter au milieu des flammes. Il passe comme une véritable salamandre pour fondre sur la hanche de la frégate.

Le commandant Gourdon, croyant son camarade perdu dans le feu, fait machine en avant pour lui porter secours : mais déjà le canot n° 1 passe par tribord, un mouvement de roulis se produit sur la frégate, probablement sous l'explosion de la torpille, et le coup fait, le canot vient en grand sur tribord.

Voici ce qui s'est passé :

M. Duboc ayant conservé son allure réduite, se trouvait encore à 400 mètres de la frégate, quand les Chinois ouvrirent le feu sur le canot n° 2.

Presque en même temps, un obus passe en sifflant au-dessus de son canot.

Plus de doute, lui aussi est découvert.

« En avant à toute vitesse! Vive la France! » s'écrie ce jeune officier.

« Vive la France! » répètent les marins enthousiasmés.

La machine actionnée par une pression de 12 kilogrammes produit un tapage assourdissant. On n'entend plus rien.

Des torrents de fumée et de vapeur brûlante s'échappent de la cheminée et viennent aveugler le patron Boigeol qui s'écrie :

— Je n'y vois plus!

Toutefois ce brave marin reste inébranlable à la barre.

Trois minutes s'écoulent. L'arrière de la frégate grossit de plus en plus, et se détache en noir au milieu des flammes.

A bord du *Yu-Yen* tout fait feu. Les hommes de mousqueterie dans les hunes et sur le couronnement; les pièces de la batterie et les Nordenfelt vomissent leurs projectiles, à coups précipités.

A quelques mètres sur l'arrière de la frégate, M. Duboc s'apercevant que son canot est entraîné sur tribord, et qu'il va manquer son but, commande : — A gauche toute ! — et au moment où il arrive à l'aplomb du couronnement : — En arrière à toute vitesse !

Grâce au sang-froid et au courage du mécanicien Miguet et du patron Boigeol, ces deux commandements sont exécutés.

Un choc se produit sous la hanche de tribord de la frégate.

La torpille fait explosion.

L'arrière du *Yu-Yen* se soulève et retombe en s'inclinant sur tribord, et en brisant une cornière de la carapace du canot nᵒ 1.

A ce moment, le quartier-maître Rochedreux ouvre le volet de l'avant de la teugue, déborde à la main sur le cuivre de la frégate et voit sauter en l'air les tirailleurs chinois qui faisaient feu du haut du couronnement.

Le canot obéit à sa machine et s'écarte rapidement : la hampe est rentrée sans difficulté : la machine est remise en avant à toute vitesse, et à droite toute.

Quelques instants après il est rejoint par le commandant Gourdon, et les deux canots continuent à se retirer à toute vitesse. Le feu des Chinois s'éteint peu à peu.

Les deux officiers ont tenu parole. Ils ne se sont pas quittés.

Ils cherchent à apercevoir le signe de ralliement de la vedette.

Les recherches sont vaines.

Pendant une heure et demie, les deux canots essaient, mais en vain, de distinguer le fanal rouge que doit hisser la vedette.

Les canots se trouvent enfermés sans issue.

Dans la direction de Sheïpoo, une vingtaine de feux s'avancent, des feux de jonques. Ce ne sont pas des amis. Puis les feux se dispersent.

A un moment donné, le commandant Gourdon croit reconnaître dans l'obscurité, qui est toujours profonde, les deux îlots se trouvant à l'entrée de la passe.

Afin de ne pas se perdre, il donne la remorque au

canot n° 1 ; malheureusement, il s'est trompé : ce qu'il a pris pour la passe est un cul-de-sac de vase. Il s'échoue.

La remorque s'engage dans l'hélice, et le canot n° 2 est désemparé pour le reste de l'expédition.

Grâce à la pression très élevée qu'avait conservée la chaudière du canot à vapeur n° 1, l'aiguille du manomètre étant encore à 10 kilos à bout de course, M. Duboc jette sa chatte dans la chambre du canot n° 2 et parvient facilement à le renflouer.

Désormais, les deux canots seront à la remorque l'un de l'autre. Ils se mettent à couple pour éviter que le même accident se reproduise.

L'eau douce et le charbon du canot désemparé sont transbordés dans le voisin.

Quelques jonques à la voile passent à portée de voix. Sont-ce des jonques de guerre ?

Chacun prend les armes. Ces jonques sont hélées, et l'on reconnaît qu'elles sont montées par de paisibles pêcheurs.

Dans cette alerte, les hommes ont fait preuve du plus remarquable sang-froid, en ne tirant aucun coup de fusil, dont la détonation eût pu signaler à l'ennemi la présence des canots.

Il est près de sept heures. Les silhouettes des montagnes commencent à se détacher en violet rougeâtre sur un ciel sans nuages. Les crêtes se colorent, le jour vient.

Les marins, bruyants après la victoire, remarquent la teinte de vase liquide de l'eau.

« Si la frégate est coulée, elle sera enlisée. »

Les jonques de pêcheurs qu'on a aperçues auparavant se dirigent vers l'ouest.

Faut-il les suivre ?

L'expédition ne possède que le plan très réduit de la passe de l'île Sin ; on ne peut savoir où le courant a dépalé les canots ; il serait imprudent de suivre les jonques, qui, comme on l'a su plus tard, se rendaient dans la baie de San-Moon.

On voit une espèce de baie dans le sud. Les canots s'y engagent toujours accouplés.

« Il est temps de déjeuner, nous avons de l'eau devant nous », dit le lieutenant Duboc.

Les deux officiers s'installent chacun sur sa carapace et l'on énumère ses richesses. On fouille le papier qui sert de panier.

— Du foie gras !

— Au charbon ?

— Non, aux truffes.

— Des œufs durs.

— Du vin de Bordeaux !

— Mieux que cela, du Sauterne !

— Et les verres ?

— Un pour deux.

Le couvert est mis rapidement.

Quand tout est paré, l'officier de quart, M. Duboc, sur la teugue de droite, commande :

« Les sifflets ! Déjeunez ! »

Les deux patrons Séquillon et Boigeol prennent leurs sifflets de bord et sifflent la sonnerie du déjeuner.

Les hommes, noirs de fumée et affamés, se précipitent sur les boîtes de sardines, qui sont éventrées.

Une double ration de vin est distribuée aux équipages et les langues se délient. Les hommes enthousiasmés, veulent recommencer.

Miguet, un second-maître mécanicien, sort une glace de sa poche et la met devant les yeux de M. Duboc qui se demande s'il est passé matelot chauffeur. Le commandant Gourdon, quoique d'un blond plus accentué par la nature, s'aperçoit qu'il est aussi noir que son voisin.

Le pavillon français flotte à l'arrière du canot n° 1. Le pavillon du canot n° 2, recouvre le corps du fusilier Arnaud, étendu sous la teugue.

Le moment est venu de passer l'inspection des canots et de se rendre compte des coups qui les ont atteints.

Le canot n° 1, compte onze traces de projectiles dont deux de gros calibre doivent provenir des mitrailleuses Nordenfelt.

Aucun n'a heureusement touché les parties vitales du canot. Les tôles ont été partout traversées et personne n'a été atteint.

Le canot n° 2 compte six trous de balles ou de mitraille.

Les deux canots avancent péniblement dans la passe inconnue, contre un courant de trois nœuds, au milieu de remous très violents. Néanmoins on est très heureux de se sentir vivre.

Au détour d'une colline, on aperçoit trois jonques pavoisées, effet du Tet. Quelques enthousiastes veulent les prendre à l'abordage : on calme leur ardeur ; avant tout il faut rendre compte à l'amiral.

On devine les inquiétudes du *Bayard*. C'est la note triste du retour ; on est convaincu que la vedette a dû rentrer seule avec la baleinière, sans pouvoir donner des nouvelles des canots à vapeur. Il faut rassurer tout le monde le plus vite possible.

Les canots gouvernent dans l'est, sur le soleil, sans s'en rapprocher sensiblement ; ils sont sûrs de trouver la haute mer. Auront-ils assez de charbon ? Auront-ils assez d'eau ?

Enfin voici l'horizon du large. Le canot n° 1 prend le canot n° 2 en flèche à cause de la mer.

A l'horizon rien de visible. Les canots se traînent de plus en plus péniblement.

Va-t-on manquer de tout ?

Enfin, on aperçoit la mâture de la *Triomphante*, à très grande distance dans le sud. Ce navire aperçoit les canots et s'imagine qu'ils se livrent aux plaisirs de la sonde et de l'hydrographie.

Bientôt la *Saône* se montre dans l'est. On met le cap dessus et l'on s'en approche petit à petit.

Encore trois milles et les torpilleurs seront à bord de la *Saône*. Malheureusement, la houle grossit et la mer se fait. La marche des canots est de plus en plus lente. Bientôt, ils ne vont plus ni de l'avant ni de l'arrière; c'est que le remorqueur a une avarie.

Pendant que les mécaniciens font le démontage de la pompe alimentaire, le second-maître torpilleur Lemeur fait le signal à bras à la *Saône*, en montant sur la teugue : « Avaries de machine; manquons d'eau douce. » Aussitôt la *Saône* amène deux embarcations et les envoie au secours des canots.

Enfin ceux-ci arrivent à bout de bord, à 500 mètres sur l'arrière de la *Saône*. Ce bâtiment leur file une ligne de sonde, et quelques instants après les canots étaient amarrés derrière et MM. Gourdon et Duboc montaient à bord, au grand étonnement du commandant Monin qui leur offre l'hospitalité la plus aimable et la plus généreuse.

— Hommes noirs, d'où sortez-vous ?

— Nous venons de torpiller le *Yu-Yen*.

— Quand cela ?

— Cette nuit, à quatre heures.

— Voulez-vous déjeuner avec moi ?

— Volontiers, mais donnez un repas chaud à nos hommes dans les canots.

Une fois les torpilleurs servis, les officiers se mettent à table et racontent leur histoire.

— Avez-vous des nouvelles de la vedette et de la baleinière?

— Aucune.

— L'amiral doit être très inquiet ; remorquez-nous à bord du *Bayard ;* nos canots sont hors de service.

Le commandant Monin, avec le plus grand empressement accède aux désirs des officiers et met aux postes d'appareillage.

En ce moment passe l'*Aspic ;* les hommes dans les haubans crient :

« Vivent les torpilleurs ! Vive le commandant Gourdon ! Vive M. Duboc ! »

Le commandant Gourdon et M. Duboc se serrent la main en disant :

— Nous avons sans doute réussi plus que nous ne pensions.

La *Saône* appareille et franchit à vitesse réduite les quelques milles qui la séparent du *Bayard.*

Bientôt le *Bayard* est en vue. Il fait le signal : — « Quoi de nouveau? » — La *Saône* répond : « Les ordres de l'amiral sont exécutés !

Ce signal fait sourire le *Bayard* dont la physionomie change du tout au tout.

C'est que la journée avait été triste sur le navire amiral.

Vers huit heures du matin, M. Ravel était revenu avec la vedette et le pilote Muller, après avoir cherché pendant plus d'une heure, dans les environs de la passe les deux canots porte-torpilles.

L'amiral attend sur le pont.

— Eh bien? interroge-t-il anxieusement.

— Amiral, la corvette est coulée.

— Mais Gourdon? Mais Duboc?

M. Ravel atterré, sans répondre et les yeux pleins de larmes, fait le geste : au fond de l'eau.

L'amiral devient très pâle :

— C'est acheté bien cher, dit-il.

La consternation est générale à bord. L'heure du déjeuner arrive, mais au carré des officiers aucun ne songe à manger.

Un silence de mort règne dans l'équipage. Les suppositions les plus tristes, les plus lugubres ont cours.

— Les canots ont dû couler sous la gerbe.— Les obus chinois ont dû les crever: ils sont par le fond! — Ils sont échoués sur un banc de vase et les Chinois, au jour, les ont aperçus et mitraillés. — Pourvu qu'ils ne soient pas tombés vivants entre leurs mains. — Peut-être quelques-uns sont-ils parvenus à gagner la côte et à se réfugier sur les hauteurs.

On envoie des vigies dans les hunes et sur les barres pour explorer les crêtes d'où les torpilleurs auraient pu faire des signes de détresse visibles de la rade.

L'amiral, pensant que le courant aurait pu porter dans la baie de San-Moon les canots désemparés, envoie l'*Aspic* et l'*Éclaireur* à leur recherche, mais n'y tenant plus lui-même, après son déjeuner, il fait accoster le canot à vapeur du *Nielly*, et seul, avec une escorte de quatre fusiliers, se rend dans la baie de Sheïpoo.

A bord du *Bayard* la tristesse étreint tous les cœurs, on n'ose pas se regarder.

Le commissaire du bord, M. Guéguen, ferme à clef les chambres de MM. Gourdon et Duboc pour y mettre les scellés et se fait apporter les livrets de tous les marins qui se trouvaient à bord des torpilleurs, afin d'établir les actes de disparition.

Malgré la tentative désespérée de l'amiral, on ne croit pas à une chance de salut.

Tout à coup, vers deux heures du soir, du haut des barres, le pilote Johnson s'écrie :

— La *Saône* en vue !

Puis : « elle a un canot à la remorque ! »

— Un canot noir ! à vapeur ! Elle en a un second !

La nouvelle se répand comme un éclair. Tout le monde est sur le pont. Tout le monde regarde.

Toutes les longues-vues, toutes les jumelles sont braquées.

— Ce sont bien les canots à vapeur ! ce sont nos camarades !

Le *Bayard* change d'aspect en un clin d'œil ; on se serre les mains, on s'embrasse ; les yeux sont pleins de larmes.

Au pied du grand mât, le vieux maître d'équipage Guennec pleure de joie. Le commandant Parrayon l'aperçoit et le serre dans ses bras en s'écriant :

— Tu es un brave cœur, viens que je t'embrasse !

Dans le carré, à la bonne nouvelle, le commissaire Guéguen, transporté de joie, lance en l'air tous les livrets et les actes de disparition.

M. Ravel se précipite aussitôt dans la vedette pour aller porter à l'amiral la bonne nouvelle.

Pendant ce temps l'amiral avait pénétré dans la baie de Sheïpoo et aperçu la corvette *le Tcheng-King* inclinée sur tribord, noyée jusqu'à la cheminée, et la frégate *le Yu-Yen* coulée droite, avec de l'eau jusqu'en dessous des hunes.

Il explore les bancs de vase, les crêtes voisines, aucune trace des canots; aucune trace de ceux qui les montaient.

L'amiral ne peut retenir une larme et dit tristement :

— C'est un grand succès, mais c'est acheté bien cher!

Il revient vers le *Bayard*.

A moitié route dans la passe, il rencontre M. Ravel et du plus loin qu'il l'aperçoit il lui crie :

— Les deux navires sont coulés! Allez voir! Allez voir!

— Les deux canots reviennent, répond M. Ravel.

La joie de l'amiral est à son comble. Il retourne à bord rayonnant.

Cet homme, si calme et si impassible, laisse éclater toute sa joie et, frappant des mains, il s'écrie aux officiers et aux marins qui se pressent autour de lui :

— Ils sont coulés! Ils sont coulés! tous les deux! tous les deux!

La *Saône* approche.

Le *Bayard* signale : « Êtes-vous tous bien? »

— Un tué!

— Vos deux navires sont coulés!

— La frégate seule.

— Non, les deux sont bien coulés.

Ahurissement à bord de la *Saône*. Comment se fait-il que la corvette ait coulé, puisque les deux canots n'ont torpillé que la frégate?

— Mystère. Évidemment le *Yu-Yen* avec ses feux de batterie désordonnés a dû couler le *Tcheng-King*!

Le *Bayard* signale à la *Saône* : « Mouillez où vous voudrez et envoyez les canots. .

Tout l'équipage du *Bayard* est rangé sur les glacis de l'avant à l'arrière. La musique joue la *Marseillaise*. Les marins crient : Hurrah! L'amiral et les officiers sont à la coupée.

A cinq heures les deux canots accostent : MM. Gourdon et Duboc montent par l'échelle de tribord. L'équipage bat des mains.

L'amiral radieux serre dans ses bras et embrasse à plusieurs reprises les deux vaillants torpilleurs. Chacun des officiers veut serrer la main et donner l'accolade aux deux revenants.

L'armement des canots monte à bord à son tour et est l'objet d'une ovation générale. L'amiral, du haut de la coupée, leur crie :

— C'est bien! C'est très bien! Vous êtes de braves gens! Il n'y a pas de plus braves gens que vous au monde!

Le commandant Parrayon veut embrasser le patron Boigeol; celui-ci s'en défend modestement et dit :

— Pardon, excuse, commandant; j'ai la gueule trop sale !

Par ce coup d'audace, deux petits canots à vapeur ordinaires, armés en porte-torpilles, avaient détruit une frégate de 23 canons et 600 hommes d'équipage et, par contre-coup, une corvette de 7 canons et de 150 hommes.

Les Chinois avaient exécuté en partie les ordres de l'amiral.

Pour ce brillant fait d'armes tous les torpilleurs ont été récompensés. M. Gourdon, chef de l'expédition, a été mis sur le tableau d'avancement pour le grade de capitaine de vaisseau. M. Duboc a été nommé officier de la Légion d'honneur. Cinq médailles militaires ont été distribuées aux torpilleurs Rouillier, Montfort, au patron Boigeol, aux deux seconds maîtres mécaniciens Le Du et Miguet. Tous les autres furent avancés en classe ou en grade.

M. Ravel, qui avait piloté l'expédition, fut nommé capitaine de frégate.

Bone, 21 août. Arrivée des députations à bord du *Bayard*.

CHAPITRE VII.

Malte. Bone. Un guet-apens. Les chants du bord.

En mer, 16 août.

Dans l'après-midi nous apercevons la silhouette vaporeuse de Candie, semblable à un gros nuage sombre pendu entre le bleu du ciel et le bleu des flots.

En mer, 19 août.

En vue de Malte. — Ce matin, à 7 heures 50, la terre est signalée par bâbord. C'est l'île de Malte sur laquelle le *Bayard* met le cap. Peu à peu elle grossit rapidement.

Nous apercevons distinctement les côtes sablonneuses et brûlées par le soleil.

Voici La Valette avec ses deux ports, ses innombrables forts et ses maisons étagées en amphithéâtre autour de la cathédrale. Le *Bayard* signale au sémaphore d'avertir le consul de France, que nous passons au nord de l'île et que tout va bien à notre bord.

Bientôt nous apercevons le pavillon tricolore monter au mât du consulat et flotter en berne. Notre commission a été faite.

Nous longeons toute la partie nord de Malte, les canaux de Gozzo, et cette seconde île ; vers trois heures nous mettons le cap sur le sud. En route pour l'Afrique.

En mer, 20 août.

A 6 heures et demie du matin, nous passons en vue de Pantellaria. Depuis hier il règne à bord une humidité chaude et épaisse des plus insupportables. Pour comble de malheur le vent qui vient de l'est nous souffle en poupe. Impossible de ressentir la moindre brise. Nous semblons marcher dans un bain de vapeur.

A dix heures, un vapeur anglais de Cardiff qui vient du Danube nous signale :

— Pouvez-vous envoyer votre médecin à notre bord ? Avons malades.

— Quelles maladies ?

— Coup de soleil.

— Votre patente de santé est-elle en règles.

— Oui.

Le *Bayard* stoppe ; la baleinière glisse des portemanteaux et est armée. Le docteur Breton accoste l'anglais, donne ses soins à deux matelots atteints d'insolation et revient rapidement.

L'anglais, qui a appris que nous avons à bord le

corps de l'amiral, hisse son pavillon en berne et le conserve dans cette position tant que nous sommes en vue.

Dans l'après-midi, nous apercevons le cap Bon, perdu dans la buée: nous sommes dans les eaux françaises.

En vue de Bone, 21 août.

Le branle-bas nous réveille ce matin en face des côtes de Tunisie.

Voici les dunes broussailleuses du pays des Meknas, que les zouaves du 3e régiment, sous les ordres du commandant Bounin, enlevèrent si brillamment en mai 1881.

Bientôt après voici l'îlot de Tabarca avec son fort, que les canonniers de la *Surveillante*, sous la direction de mon ami Gourdon, convertirent bientôt en un monceau de décombres.

Voici les hauteurs du Kef-Bababrick, limites de la France et de la Khroumirie, que la brigade Ritter gravit dans un élan superbe.

Voici la Calle, où en avril 1881, je débarquais avec le colonel Bertrand et le 22e de ligne.

Le vaguemestre passe de chambre en chambre et recueille les lettres. Bientôt nous allons arriver à Bône.

Bone, 21 août

Vers huit heures du matin nous entrons dans la baie au fond de laquelle s'élèvent les ruines de l'antique Hippone et le tombeau de saint Augustin.

La vigie du *Bayard* signale la Casbah et le fort Génois qui disparaissent dans la brume.

A deux heures et demie Bône est en vue.

A droite le rocher de Lion, formé par une bizarrerie de la nature et qui figure assez bien le roi du désert couché, les pattes en avant. On dirait une vieille statue des temps anciens, rongée par les flots et brunie par les embruns de la Méditerranée.

Puis, sur une hauteur, dominant la route en corniche, qui conduit à Philippeville, la masse imposante de la Casbah, enlevée aux premiers temps de notre conquête par le célèbre Yusuf et le capitaine d'artillerie d'Armandy. Par des échappées de collines, on aperçoit un pays des plus fertiles, couvert de riantes villas, et où le dôme, blanchi à la chaux d'un marabout vient donner la note orientale.

Au-dessus des remparts pointent les terrasses de la ville haute et le clocher pointu de la cathédrale.

En face, la porte voûtée qui donne accès dans la ville, la jetée avec son phare, les deux ports, et tout au fond Hippone.

Cette vue de Bone s'enlevant en tache blanche sur le fond sombre et brumeux de hautes montagnes boisées est des plus pittoresques.

Onze heures : nous dépassons plusieurs mahones de pêche dont les équipages nous saluent en agitant leurs bonnets et de petits drapeaux tricolores.

Onze heures et quart : le bateau-pilote accoste. Le pilote monte à bord pour indiquer le mouillage.

Onze heures et demie : deux timonniers, placés à chaque coupée et courbés sur leur sangle, jettent la ligne de sonde.

— Seize ! seize !

— Quinze ! quinze !

— Quatorze ! quatorze !

Le commandant Parrayon fait stopper les machines de façon à arriver sans trop d'air à l'endroit où il doit laisser tomber l'ancre.

On mouillera tribord : on filera deux maillons (60 mètres de chaîne).

— Tribord mouillez !

L'ancre tombe à la mer, en aspergeant le gaillard d'avant d'une forte cascade salée. La chaîne file avec fracas dans l'écubier, et l'officier de batterie ferme l'étrangloir quand le deuxième maillon est à l'eau. On bosse, on met la clef en place. Le *Bayard* est mouillé à un demi-mille de la jetée de l'avant-port.

Le commandant Parrayon reçoit ses instructions. Au lieu d'aller à Toulon, le *Bayard* ira aux îles d'Hyères, où aura lieu la réception par l'escadre, qui rendra les honneurs dès que nous serons en vue.

La dépouille mortelle du vaillant amiral sera débarquée aux Salins, accompagnée de son état-major général au complet, et avec une escorte de soixante-quatre hommes du *Bayard* en armes, sous la conduite d'un officier, et de douze officiers-mariniers.

Les couronnes de Bône. — A peine à notre poste de mouillage, malgré un soleil de 40° et une forte brise de N.-O., soufflant du large qui la couvre d'embruns, une véritable flottille de canots accoste aux échelles du *Bayard*.

De nombreux uniformes : officiers d'artillerie, du génie, d'infanterie de ligne, de cavalerie. En tête, le commandant de Vaquiert, du 3° spahis, major de la place, qui, en l'absence du général commandant, et au nom des officiers de la garnison de Bône, dépose sur le cercueil de l'amiral une énorme couronne de fleurs naturelles.

Midi moins cinq : un nuage de fumée blanchâtre s'estompe à un bastion de la Casbah : bientôt le bruit des détonations arrive jusqu'à nous. La ville salue d'une salve de quinze coups de canon. Tous les édifices publics, les maisons particulières et les navires de commerce mouillés dans le port, portent le pavillon tricolore en berne, la plupart avec une cravate de crêpe noir.

Dans la journée, les visiteurs se succèdent sans relâche à bord du *Bayard*. Six couronnes sont encore apportées.

Entrée de la chambre ardente installée sous la dunette du *Bayard*.

1° La couronne de la *Ville de Bône*, de 1ᵐ,50 de diamètre, formée d'immortelles jaunes avec un fond en perles blanches supportant une ancre en perles d'acier.

2° La couronne des *Dames de Charité de Bône* en lauriers dorés.

3° La couronne de la *Marine de Bône* (1ᵐ,60 de diamètre), en lauriers verts et fleurs artificielles supportant une ancre noire.

4° La couronne des *Alsaciens de la région de Bône*, en immortelles jaunes et cocardes tricolores.

5° La couronne de la *Population de Bône* (2 mètres de diamètre), en fleurs artificielles et perles de jais noir.

6° La couronne de la *Commune de Duzerville (Bône)* en immortelles jaunes.

Dans la journée, les officiers du *Bayard* descendent à terre où ils reçoivent une réception des plus cordiales de la part des officiers de la garnison.

Les matelots, mélancoliquement accoudés sur les bastingages, regardent avec envie cette terre française où ils ne peuvent aller goûter les distractions dont ils sont privés depuis si longtemps.

Cette consigne sévère s'explique par le caractère si insouciant du mathurin français, qui, à proprement parler, n'est qu'un grand enfant, souvent victime à terre de sa trop grande confiance.

Un guet-apens. — Le fait suivant qui est arrivé à Kélung, pendant la campagne, donne raison à cette mesure.

En face de l'île Palm, où étaient installés la direction du port de Kélung, les dépôts de charbon ainsi que du matériel et séparée par la passe des Jonques, se trouvait une anse formant une sorte de petite rade où mouillaient en décembre dernier la *Vipère* et le Torpilleur n° 45.

A cet endroit et à 200 mètres environ de la plage se trouvait, dans un petit ravin broussailleux, une misérable case en torchis et en bambous.

Là, habitaient deux femmes chinoises qui vendaient du choum-choum (eau-de-vie de riz) et que l'on soupçonnait être des espionnes. Ces femmes passaient habituellement la journée, accroupies devant le seuil de leur case et faisaient de loin signe aux matelots de descendre à terre. Vu la couleur de leur costume, elles étaient connues par les marins de toute l'escadre sous les noms de la femme Rose et de la femme Bleue.

Défense expresse et absolue avait été faite aux hommes d'aller en cet endroit, que l'on savait infesté de Chinois et où on voyait souvent des éclaireurs ennemis venir, en se glissant dans les broussailles, examiner nos positions.

Le 28 décembre 1884, un quartier-maître de manœuvre, patron d'un canot à vapeur, attaché à la direction du port et un de ses ouvriers mécaniciens, résolurent, malgré les ordres, d'aller « courir une bordée » en cet endroit.

Profitant de la tombée de la nuit, ils se glissent dans un sampan, que conduisent deux Annamites, accostent la plage, et, suivis de ces indigènes, se dirigent vers la case de la femme Rose et de la femme Bleue, où ils entrent.

Que se passa-t-il ? On ignore ce drame en grande partie. Toujours est-il que vers cinq heures, la vigie et les timoniers de veille de la *Vipère* entendirent des hurlements et des appels désespérés dans cette direction. Leur attention se porte de ce côté. Ils aperçoivent la case entourée par un détachement de réguliers chinois. Les deux Annamites, sans être poursuivis, se sauvent à toutes jambes vers la plage ; l'ouvrier mécanicien sort de la hutte, et quoique sans armes se défend avec l'énergie du désespoir contre les Chinois, qui le sabrent à grands coups de *coup-coups*.

La *Vipère* envoie aussitôt une embarcation armée en guerre. Le détachement de fusiliers-marins saute à terre et se dirige au pas de course vers la case que, malgré sa promptitude à accourir, il trouve entièrement déserte.

Déjà les Chinois et les deux femmes ont fui dans la brousse, emportant avec eux les têtes de nos deux marins, dont on découvre les troncs décapités.

Les deux bateliers annamites racontèrent qu'ils attendaient depuis une demi-heure environ, quand tout à coup une quarantaine de Chinois, avertis sans aucun doute par les deux femmes, sortirent en rampant des broussailles et se ruèrent sur la case.

Bien que surpris, et sans armes, nos deux marins se défendirent vaillamment. L'intérieur de la case présen lait les traces d'une lutte désespérée, les meubles étaient brisés, les coussins du lit et les nattes qui recouvraient le sol étaient inondés de sang.

Le quartier-maître de manœuvre fut tué dans la case; son compagnon put sortir et tomba au dehors; ses bras étaient littéralement hachés à coups de *coup-coups*.

Le lendemain, un détachement de fusiliers-marins du *Bayard* allait brûler cette case dont on ne revit jamais les habitantes.

Une autre fois, un jeune soldat, nouvellement arrivé de France, et ordonnance d'un officier supérieur, achète, au marché de Kélung et pour un prix dérisoire, un poulet à un marchand chinois qui lui dit:

— Si tu en veux d'autres au même prix, viens avec moi les chercher à ma case qui est à l'entrée de la ville.

Le militaire naïf et confiant, suit le marchand, qui n'est autre qu'un soldat venu des hauteurs voisines. Celui-ci le conduit dans une embuscade où attendent des camarades. En un clin d'œil le malheureux troupier est tué, décapité et on ne retrouva que son tronc sanglant.

Du reste, avec leur facilité de se déguiser en paysans, et ils n'avaient pour cela qu'à ôter leur *Kéo* (tunique d'uniforme), les soldats chinois venaient se promener en plein jour à Kélung, surtout les jours de marché.

Le faux cercueil. — L'audace de ces Chinois était incroyable.

On sait que le mandarin militaire qui dirigeait la défense de l'île Formose avait institué une prime de 50 taëls (environ 350 francs), pour chaque tête de soldat français qui lui serait apportée. Cette somme est une fortune pour un Chinois; malheureusement pour eux, le nombre de nos cadavres tués, qui tombaient entre leurs mains était des plus minimes; alors ces bandits imaginèrent de venir déterrer les corps des

Français morts de maladie, qui étaient enterrés dans le cimetière de Kélung, et de leur couper la tête afin de recevoir la récompense promise.

Bien qu'un petit poste fût établi sur une hauteur à 200 mètres du cimetière, qui se trouvait près du fort La Galissonnière, en très peu de temps, on trouva une douzaine de bières déterrées, le couvercle enlevé et auprès, les troncs décapités des corps qu'elles renfermaient.

Les Chinois venaient pendant la nuit, au nombre de trois ou quatre hommes entièrement nus, et pour arriver jusqu'au cimetière devaient ramper pendant plus de huit kilomètres à travers les broussailles et les bambous ; ils se faisaient toujours précéder par un chien qu'ils avaient dressé dans ce but, et qui, par ses aboiements, les avertissait si des sentinelles veillaient autour des tombes. Afin de faire cesser ces sacrilèges profanations, on imagina le stratagème suivant :

Un beau jour, on simula un enterrement avec l'aumônier, le piquet d'honneur, et on enterra une bière vide, renfermant deux obus chargés et amorcés avec des étoupilles à friction qui étaient également fixés au couvercle du cercueil et devaient, dès que celui-ci serait soulevé, faire éclater ces projectiles.

Les Chinois avaient vu cet enterrement des hauteurs. Aussi, la nuit suivante, vers minuit, les sentinelles qui veillaient, aperçurent un chien qui se glissait au milieu des tombes, et, n'apercevant rien, revint sans aboyer vers les massifs de broussailles entourant le cimetière.

A ce signal, qu'ils n'ont rien à redouter, deux Chinois sortent d'un massif, et arrivent en rampant jusqu'à la tombe renfermant le faux cercueil, enlèvent rapidement la terre qui le recouvre, et se mettent en devoir d'en ôter le couvercle.

Les soldats du poste regardent, s'attendant à voir les

profanateurs voler en l'air, quand, à leur grande surprise, ceux-ci se relèvent tout à coup, et d'un bond, disparaissent dans les broussailles avant qu'on eût le temps de leur tirer un seul coup de fusil.

Les soldats descendirent alors dans le cimetière et trouvèrent le couvercle du cercueil légèrement soulevé. Sans doute, les Chinois avaient pratiqué une pesée lente et continue pour ne faire aucun bruit. Rencontrant une certaine résistance, ils avaient alors glissé la main dans le cercueil, et, au lieu d'un cadavre, touché à deux obus, découverte inattendue qui les avait fait déguerpir au plus vite, abandonnant une pince en fer et une petite lanterne sourde.

Le stratagème n'avait pas réussi; néanmoins, il intimida les Chinois qui, dès lors, n'osèrent plus s'aventurer dans le cimetière de Kélung.

Les chants du gaillard d'avant. — Après avoir, ainsi que je l'ai déjà dit, passé notre journée du 21 août à Bone, nous regagnons le *Bayard* vers minuit avec une baleinière.

La nuit est splendide : la lune dans son plein éclaire les flots, qu'aucun vent ne ride, et qui ressemblent à une gigantesque nappe d'argent liquide.

La chaleur est accablante, les hommes étendus sur le pont, ont oublié la consigne de rester à bord, en pensant que dans quelques jours seulement ils débarqueront en France.

Sur le gaillard d'avant, les Bretons, qui composent la majeure partie de notre équipage, chantent de vieilles romances que l'on connaît depuis près d'un siècle sur les côtes de Bretagne, les unes guerrières comme :

> Le trente-un du mois d'août
> Nous vîmes venir, sous vent, à nous

6.

> Une frégate d'Angleterre,
> Qui fendait la mer et les flots,
> C'était pour aller à Glascow.....

(Cette chanson date des guerres contre les Anglais du siècle dernier), ou bien :

> Dedans mil huit cent treize,
> J'embarqu' sur la Baleine,
> En sortant de Toulon,
> Nous cassons not' timon.....

Ou bien, à l'allure sentimentale :

> Chantons, pour passer le temps,
> Les amours plaisants
> D'une belle fille,
> Du port de Lorient
> Qui s'en va gaiement,
> Suivre son amant......

Dans la batterie de l'entrepont, les hommes de pièce entonnent la vieille chanson des canonniers :

> Les trois canonniers lui ont répondu :

Certes, la rime n'est pas riche, mais telles quelles, ces pauvres vieilles chansons qui n'ont jamais été imprimées et se transmettent de père en fils, me paraissent cent fois préférables à toutes les insanités actuelles qui se débitent dans nos cafés-concerts.

Cabinet de travail de l'amiral Courbet installé sous la dunette du *Bayard*.

CHAPITRE VIII.

Le Revolver et la Mitrailleuse. — Un épisode de Kimpaï.

En mer, 22 août.

Le temps est toujours magnifique ; l'humidité des jours précédents a complètement disparu.

Le salut aux couleurs. — A huit heures du matin, au moment où j'arrive sur les glacis, l'officier de quart, M. Gourjon du Lac, commande : « La garde. » Les hommes de la garde prennent les armes et se rangent au pied du grand mât, face à l'arrière.

— Attention ! Pour les couleurs !

— Envoyez !

Tous, officiers et matelots se découvrent ; le pavillon tricolore est hissé au mât de pavillon, salué par les coups de fusil des deux factionnaires des coupées de bâbord et de tribord. La garde présente les armes ; tambours et clairons battent et sonnent le vieil air, si connu de la marine française, que le clairon Olivier, le 20 août 1883, sonnait à pleins poumons sur les remparts de Thuan-An, alors que le second-maître Cornic, du *Bayard*, arborait le pavillon tricolore au haut du mât du grand fort central :

> A nos couleurs sacrées,
> Soyons toujours fidèles,
> En braves matelots,
> Prêts à mourir pour elle.

Dans la matinée nous recevons encore à bord de nombreux visiteurs.

A onze heures, on hisse les embarcations et on prend les dernières dispositions d'appareillage.

A 11 heures 45, le canot à vapeur est hissé et embarqué sur ses chantiers.

L'équipage se met au cabestan et l'on vire à pic.

A midi, l'ancre est dérapée, et le *Bayard* se met en marche le cap au nord.

Dans l'après-midi, les hommes astiquent leur fourniment, passent la peinture sur les taches, lavent et briquent le pont.

Le *Bayard* se fait beau pour l'arrivée aux îles d'Hyères.

Les canonnières Farcy. — Aujourd'hui en parlant de la défense de Tuyen-Quan, il a été surtout question du rôle glorieux qu'y ont joué, les deux petites canonnières, le *Revolver* et la *Mitrailleuse*.

Ces canonnières, type Farcy et qui ont plus de quinze

années d'existence, avaient été débarquées par le *Bayard*
dans la baie d'Allong et armées par lui en avril 1884.

Le commandement en fut donné à MM. Testu de
Balaincourt et Senès, tous deux enseignes de vaisseau.
L'équipage de chaque canonnière était de quinze
hommes. L'armement se composait d'une pièce de 14
à l'avant, avec affût à masque en tôle, et d'un hotchkiss
installé à l'arrière sur les appartements du capitaine.

Ces deux petits bateaux rendirent de très grands et
très signalés services dans la rivière Claire. Dans les
premiers temps de l'occupation de Tuyen-Quan, ils en
firent vingt-deux fois le voyage, aller et retour, naviguant dans un cours d'eau semé de récifs et de bancs
de sable mouvants sur lesquels ils s'échouaient fré-
quemment.

Le Revolver *force le blocus de Tuyen-Quan.* — Quand,
en octobre 1884, les Pavillons-Noirs de Luh-Vinh-
Phuoc et les réguliers du Yun-Nan bloquèrent Tuyen-
Quan pour la première fois, le *Revolver* força le blocus
en sautant par-dessus deux barrages de jonques cou-
lées et en passant à 20 mètres sous le feu meurtrier de
quatre forts bien défendus.

Sur les quinze hommes de l'équipage, treize furent
tués ou blessés.

Le capitaine, M. Testu de Balaincourt, dut prendre
la roue. Là, exposé à découvert aux projectiles de
l'ennemi, cet intrépide officier reçut cinq grosses balles
de fusils de rempart et quatre balles de winchester.
Ces dernières restèrent dans les chairs. Quoique criblé
de blessures, il eut encore la force de faire cinq heures
de barre et de mettre son navire hors de l'atteinte des
Chinois. En récompense de sa brillante conduite,
M. Testu de Balaincourt a été décoré. Il est en ce moment lieutenant de vaisseau à Cherbourg.

Prise d'un fort par six marins. — Au commencement de la campagne, M. Testu de Balaincourt s'était
déjà illustré en prenant le fort de Kuï-Khé. Il descen-
dait en canot à vapeur l'arroyo qui conduit chez l'évêque de Khé-Né, après avoir accompli une mission de
confiance. Mgr Colomer, un beau vieillard à barbe grise,
d'un parler fort doux et d'une exquise courtoisie, avait
pris congé du jeune capitaine en lui souhaitant bonne
chance et en le priant de remettre une lettre à Khé-Mot,
car les moyens de correspondance manquent totalement
dans cette partie du Tonkin.

Sur les bords de l'arroyo, pas un Chinois. La retraite
des fils du ciel fait pressentir au voyageur la prise de
Sontay, dont on entend le canon depuis trois jours.

Le capitaine du canot à vapeur a appris que Kuoï-
Khé est le domicile légal d'un certain mandarin Ya-Bine,
qui a complètement négligé de lui présenter ses devoirs
le matin, au voyage d'aller. Il s'agit de le tancer d'im-
portance sans s'inquiéter si c'est oui ou non son jour
de réception.

Chemin faisant, nombre de sampans viennent avec
des présents et des *Lays*, (génuflexions : on se met la
tête dans la poussière), tenter de fléchir le conquérant.

— Il me faut deux têtes!

— Nous ne les avons pas sur nous.

— Trouvez-les.

Kuoï-Khé ressemble au château de la Belle au Bois
dormant. Le marché est désert, les portes du village et
les portes des cases sont fermées ; les notables ont dé-
campé.

On se procure deux indigènes. L'un se dit étranger,
l'autre boiteux; les titres du premier pas plus que
l'exemption de service du second ne trouvent grâce.

— Conduisez nous à la demeure du *Huyen* (préfet).

Ils refusent. Un revolver adroitement placé entre l'œil et l'oreille change le spectacle. Les jambes reviennent à l'infirme, les lettres de grande naturalisation à l'étranger.

Halte sur les ruines de la ferme d'opium allumée le matin et qui n'est plus qu'un monceau de cendres fumantes. Quelques pignons s'y dressent, noirs et meurtris.

Le général en chef de Balaincourt divise son corps d'armée en deux ; il n'oublie pas de garder une ligne de retraite sur le canot à vapeur qui attend au rivage avec les deux mécaniciens et le patron.

Colonne de gauche : le pilote Lecoq, sa hache, son winchester et deux matelots.

Colonne de droite et à cinq pas en avant, le commandant en chef des forces de terre et de mer, avec son revolver anglais à crosse. Gros de l'armée : un fusilier et un timonnier. A l'arrière-garde, le *boy* (domestique indigène) du pilote, âgé de dix ans, portant les munitions et servant d'interprète.

C'est une vraie colonne de compagnie réduite à sa plus simple expression, mais les sections n'en manœuvrent qu'avec plus de liaison.

Les troupes s'ébranlent. Les généraux se hèlent de temps à autre pour s'assurer qu'ils sont bien à même hauteur. La route est tortueuse : chacun y paraît tour à tour plusieurs fois. L'ennemi croit ainsi les divisions plus considérables. C'est un truc des théâtres de province qui n'ont que peu de figurants.

Après dix minutes de marche prudente, réunion et conseil. Rien de suspect.

Le sire Ya-Bine est établi à l'autre bout du village dans un fort qui n'est pas porté sur le programme. Il faut l'en déloger : reculer, compromettrait la dignité des armes françaises au Tonkin.

L'armée arrive devant ce petit mont Valérien. C'est un carré de 80 mètres de côté, bastionné aux angles ; larges fossés pleins d'eau où chantent des milliers de grenouilles ; nombreux pavillons en soie rouge.

On somme la place de se rendre : pas de réponse.

« Vive la France et en avant les colonnes d'assaut ! »

La planche pont-levis est franchie d'un bond par le général en chef et son divisionnaire Lecoq. Sous le mirador ils sont à l'abri des projectiles possibles, mais la porte est solidement verrouillée.

Pendant que le vigoureux pilote l'attaque à la hache, le capitaine de Balaincourt brusque l'opération. Des baïonnettes fichées dans le remblai servent d'échelons pour l'escalade. En quelques secondes, le parapet est aux Français.

Pas un défenseur ! Quelques ballots épars indiquent un déménagement aussi rapide qu'interrompu. La porte cède enfin, livrant passage au pilote et à son boy.

Trop tard ! car déjà les quatre mathurins sont placés, à chaque bastion, l'arme au bras, comme si l'occupation était ancienne. Quant aux deux guides, ils ont disparu dans la bagarre.

On fouille la pagode, la sous-préfecture, les casernes, les prisons et leurs dépendances. On s'empare des papiers qu'on trouve dans les armoires et qui paraissent suspects. On prend une boussole topographique, une carte des environs que Ya-Bine a eu la délicatesse de laisser pour les Français, puis le feu à la poudrière, et au pas de course vers le canot.

Feu à la maison du Huyen perfide. La poudrière saute. Au pas de course vers le canot à vapeur, ordre renversé ! A l'explosion tout vole en éclats. Poules et cochons se sauvent affolées. Une pluie de cendres accompagne la retraite.

Les vainqueurs, chargés de pavillons noirs, rouges, multicolores, ressemblent aux habitants d'Herculanum et de Pompéï fuyant le Vésuve.

Une demi-heure après, Ya-Binc revenait flanqué de trois cents Chinois et d'un millier d'Annamites. En trouvant le vestige du passage des six hommes composant l'armée française, les trois cents queues entrèrent dans une telle rage, qu'elles se hérissèrent menaçantes vers les cieux ; trop tard ! elles ne purent apercevoir que la fumée du canot à vapeur qui ramenait vers le *Lynx* M. de Balaincourt et ses troupes victorieuses.

La Mitrailleuse *à Tuyen-Quan*. — La sœur du *Revolver*, la *Mitrailleuse*, commandée par M. Sénès, resta à Tuyen-Quan, où elle prêta un puissant concours au commandant Dominé pendant le siège mémorable de cette place.

L'officier et les quinze hommes d'équipage furent tous plus au moins blessés pendant ce siège ; pour sa part M. Sénès reçut une balle dans le mollet et un éclat d'obus dans le flanc.

La canonnière courut elle-même les plus grands dangers, manœuvrant constamment pour éviter les brûlots que lui lançaient les Chinois. Un jour, une grande fusée incendiaire tomba sur sa paillote et y communiqua un commencement d'incendie, rapidement étouffé. Une autre fois, une bombe faillit faire sauter la *Mitrailleuse* et tomba tout près d'elle dans la rivière Claire.

Aujourd'hui M. Sénès est décoré et lieutenant de vaisseau.

En mer, 23 août.

L'anniversaire de Fou-Tchéou. — Ce matin, à neuf heures et demie, messe anniversaire pour les vainqueurs de Fou-Tchéou.

7

Une double ration de vin est accordée à l'équipage. Au carré des officiers, de nombreux toasts sont portés : tout d'abord à la mémoire du héros dont nous ramenons la dépouille mortelle :

— Pauvre amiral! dit le commandant de Maigret, comme il était heureux, il y a une année, à cette heure-ci. En moins de trois quarts d'heure ses marins avaient coulé la flotte chinoise et détruit l'arsenal de Fou-Tchéou !

Aujourd'hui, bien entendu, les divers épisodes de la campagne de la rivière Min, ont été l'unique sujet de nos conversations.

A ce propos, M. Campion, lieutenant de vaisseau, qui était alors officier-torpilleur à bord du *Duguay-Trouin*, me raconte le dramatique événement suivant, qui lui est arrivé au passage de la passe de Kempaï.

Le 28 août 1884, cette passe avait été franchie au point du jour, après un bombardement et une fusillade des plus vives. Cette opération, qui avait demandé à l'amiral Courbet un prodigieux coup d'œil et un extrême sang-froid, est, au double point de vue militaire et maritime, l'action capitale et la plus difficile de la campagne de la rivière Min.

Sitôt la passe franchie, la *Triomphante* s'embossa devant le fort Blanc, qui était situé sur la rive gauche, et avec ses grosses pièces, le réduit bientôt au silence. Pendant ce temps, les torpilleurs et la compagnie de fusiliers du *Duguay-Trouin*, débarquent sur la rive droite dans l'île de Wou-Fou, et font sauter les pièces du fort de Kimpaï.

L'escadre alors appareille, le *Duguay-Trouin* en tête, et vient mouiller à l'ouest de l'île de la Passe.

Dans la journée, une section de la compagnie de débarquement de ce navire et les torpilleurs vont fouiller les deux rives, afin de découvrir s'il n'y existe pas des postes de torpilles dormantes.

Dans l'île de Wou-Fou cette reconnaissance se borne à l'échange de quelques coups de fusil.

Sur la rive gauche, tout près de l'île de la Passe se trouve un bateau rouge en fer, qui est échoué sur un banc de vase. On le visite de fond en comble ; on ne trouve rien.

A 120 mètres environ du rivage, on découvre, au milieu des rizières, un fortin chinois armé de trois longues couleuvrines en bronze. Comme le poste de torpilles pourrait se trouver dans cet ouvrage, que ses défenseurs viennent d'abandonner, on décide de le visiter. Une demi-section de la compagnie de débarquement est laissée comme soutien, sur le bateau rouge; l'autre demi-section et les torpilleurs s'engagent au pas de course dans la rizière vaseuse et envahissent bientôt le fortin en question.

Les fusiliers gardent les abords et les torpilleurs commencent aussitôt leurs recherches. On ne trouve pas de poste de torpilles, mais on décide de faire sauter les pièces ennemies.

L'amiral Courbet, du *Duguay-Trouin*, surveille les opérations, mais les bords escarpés de la rive gauche masquent, à ses regards, le corps de débarquement quand celui-ci a occupé le petit fort. En revanche, de ce dernier point, on aperçoit un grand camp chinois retranché, armé de pièces à longue portée et dissimulé dans le fond d'un ravin d'où il peut battre l'entrée de la rivière Min.

Les trente fusiliers-marins qui occupent le fort, voient les Chinois du camp courir en tous sens et agiter leurs drapeaux, mais n'y prêtent aucune attention. Tout à coup, l'ennemi, qui connaît admirablement le pays, apparaît au nombre de 4 à 500 réguliers, à 200 mètres de nos marins et ouvre le feu.

Notre petit détachement bat alors en retraite sous une grêle de balles et saute dans les chaloupes avec un peu trop de précipitation. Là, un matelot est tué d'une balle au milieu du front. On croit tout le monde embarqué et les embarcations reviennent au *Duguay-Trouin*.

Malheureusement on a oublié à terre deux lieutenants de vaisseau, MM. Joulia, commandant la compagnie de débarquement, et Campion, commandant les torpilleurs, le nommé Roustan, fourrier ordinaire de la compagnie, et les cinq torpilleurs.

Les Chinois, voyant les embarcations partir, s'avancent rapidement ; la position devient critique pour les huit hommes qui sont restés dans le fort.

M. Campion déclare que la seule chance de salut est de gagner à la nage le bateau rouge, d'où l'on pourra être aperçu par l'escadre.

Malheureusement, M. Joulia ne sait pas nager; toutefois ce brave officier, ne voulant pas entraver le sauvetage de tous, n'hésite pas un seul instant :

— Partez, leur dit-il, ne vous inquiétez pas de moi ; je vais rester à terre ; je me dissimulerai dans la vase et les herbes et là je ferai le Chinois mort.

(Il faut dire que depuis le 23 août, la rivière Min charriait plusieurs milliers de cadavres chinois qui venaient s'échouer sur les berges qui en étaient couvertes.)

Après avoir ainsi parlé, M. Joulia, file le plus loin possible des Chinois et se dissimule en se courbant et en se masquant avec le fort. Parvenu au rivage, il se met à plat ventre sur la vase et se déshabille complètement, enlevant son casque et son pantalon qui l'auraient fait reconnaître pour un Français.

Pendant ce temps l'autre officier et les six hommes sont restés dans le fort, pour attirer sur ce point toute l'attention des Chinois. Voyant M. Joulia dissimulé au milieu des hautes herbes, son camarade ordonne aux matelots de suivre un petit talus de rizière qui court droit sur l'ennemi, et qui, après un parcours de cinquante mètres tourne brusquement et revient sur la plage. Les matelots lui obéissent comme à l'exercice, et partent au pas de course, le second-maître torpilleur Moreau en tête. M. Campion quitte le fort le dernier.

Les Chinois qui croient tous les Français embarqués, s'arrêtent ahuris à la vue des vareuses bleues qui arrivent sur eux en courant; ils croient à un retour offensif ; ce moment de surprise permet à la petite troupe d'arriver sans encombre sur le bord du Min au moment où nos embarcations quittent le bateau rouge.

Les sept hommes ont alors la présence d'esprit de se mettre dans l'eau jusqu'aux épaules et face à la rive en ayant soin de tenir leurs kropatscheks au-dessus de la tête.

A ce moment les Chinois arrivent en rampant. A la vue de la retraite de nos embarcations, ils se dressent debout et poussent deux *Hou! Hou!* de victoire.

Aussitôt des jets de flammes s'élèvent à la surface de l'eau et une grêle de balles vient décimer les Chinois qui se sont massés en tas. Ce sont nos sept marins, qui, à une distance de cent cinquante mètres, épuisent sur l'ennemi, les magasins de leurs fusils à répétition.

L'officier torpilleur profitant du temps d'arrêt occasionné par cette fusillade inattendue, fait jeter toutes les armes sous l'eau dans la vase, ainsi que la boîte de fulmi-coton et s'élance tout habillé dans la rivière avec ses marins.

Cent vingt-cinq mètres seulement les séparent du

bateau rouge; mais la mer est haute, les tourbillons d'eau violents, et la vase, fortement remuée, revient à la surface. L'officier défend expressément de nager entre deux eaux, car on serait étouffé par cette vase. Malheureusement un quartier-maître torpilleur, le nommé Bordy, n'écoute pas ces sages recommandations et disparaît, entraîné par le courant. Un autre quartier-maître, Picard, du *Duguay-Trouin*, est à mi-route atteint de deux coups de feu par les Chinois, qui tirent avec rage et dont les balles viennent fouetter l'eau tout autour des fugitifs ; une balle lui enlève le lobe de l'oreille gauche, une autre le contusionne à la nuque.

Trois hommes : Étienne, second-maître du *Bayard*; le fourrier Roustan et un torpilleur, arrivent assez facilement au bateau rouge.

Toutefois l'officier torpilleur et le second-maître Moreau sont accablés de fatigue et à bout de forces. Le quartier-maître Picard perd son sang en abondance et peut à peine tenir sa tête hors de l'eau. Tous trois sont heureusement recueillis par les trois premiers arrivés qui font la chaîne en se tenant par la main.

Là, nos hommes s'accrochent à des chaînes, des bouts de cordages, du côté opposé à la rive, et sont à l'abri des feux de l'ennemi. Furieux, les Chinois veulent monter dans une baleinière provenant des navires coulés à Fou-Tchéou et échouée sur la rive; mais le matin même, en débarquant, l'officier torpilleur a eu l'heureuse idée de faire démolir cette embarcation comme matériel de guerre appartenant à l'ennemi. N'osant pas, à leur tour, traverser ce bras à la nage, les Chinois s'embusquent, attendant que les malheureux accrochés au bateau n'aient plus la force de se retenir et s'en aillent au fil de l'eau, pour les canarder alors tout à leur aise. De son côté, M. Joulia se dissimule de son mieux et fait consciencieusement le mort.

Sitôt les embarcations rentrées à bord du *Duguay-Trouin* on s'aperçoit des manquants. L'amiral Courbet prend ses dispositions pour les secourir; on réarme les embarcations. L'*Aspic* et le *Lynx* appareillent. En passant à poupe de l'amiral celui-ci leur dit de couvrir de leurs feux la plaine où se trouvent les Chinois, en ayant soin de ne pas tirer sur le bateau rouge où se sont réfugiés les Français.

Pendant ce temps M. Campion retire ses vêtements et fait également déshabiller ses hommes. Il craint que les Chinois ne parviennent à la nage jusqu'au bateau qui leur sert d'abri, et là, armés de lances, les tuent ou les prennent vivants. Il laisse la liberté de manœuvre aux matelots et leur dit :

« Faites ce que vous voudrez, garçons ; pour moi, ma résolution est bien arrêtée, j'aime mieux être noyé dans la rivière que de tomber vivant dans les mains de l'ennemi. » — « Nous ferons comme vous, capitaine ! » répondent sans hésiter ces braves gens.

Quand les naufragés voient l'*Aspic*, suivi du *Lynx*, dépasser le *Duguay-Trouin* et venir à leur secours, alors, mais alors seulement, ils se considèrent comme à peu près sauvés. Le bateau rouge était un ancien vapeur à roues. L'officier torpilleur fait alors monter son monde sur les tambours où on peut se tenir assis à l'abri des coups de l'ennemi, que l'on ne craint plus maintenant de voir venir à l'abordage.

La situation de M. Joulia était loin en ce moment d'être aussi brillante. Ayant commis l'imprudence de se soulever pour voir arriver les bâtiments sauveurs, il est découvert par le mandarin chinois qui commande le détachement et s'est prudemment posté à l'abri d'un rocher.

L'officier voit ce haut dignitaire, habillé en blanc, le montrer à plusieurs de ses hommes. Aux signes il croit comprendre que les soldats disent à leur chef que c'est un simple cadavre, tandis que le mandarin qui a dû le voir remuer, insiste pour qu'on aille le chercher.

M. Joulia profite de ce colloque pour s'éloigner en rampant des Chinois et ceux-ci, pour le prendre, doivent traverser un endroit découvert et battu par les canons du *Duguay-Trouin*. On a heureusement mis à la pièce qui bat cet endroit le meilleur chef de pièce du bord, avec ordre de tirer s'il voit paraître un Chinois.

Voyant deux ou trois réguliers qui s'avancent pour ramener M. Joulia, ou tout au moins lui couper la tête, le canonnier leur envoie un obus qui, fort bien pointé, tombe près d'eux et les couvre de boue. Intimidés, ceux-ci reculent, mais le mandarin les excite encore et ils recommencent leur tentative. Un deuxième obus, encore mieux ajusté, les met définitivement en fuite.

L'*Aspic*, commandé par M. de Jonquières, lieutenant de vaisseau, prend alors son poste devant le fortin, suivi de près par le *Lynx*, commandé par M. Bonnaire, lieutenant de vaisseau.

Les Chinois se sont bien embusqués et attendent l'arrivée des embarcations pour commencer le feu; mais les deux navires, tout en évitant d'atteindre le bateau échoué, couvrent la plaine d'obus, de hotchkiss, de mousqueterie et permettent à la chaloupe du *Duguay-Trouin* et à son remorqueur d'accoster le bateau rouge, tandis que la baleinière va, à force de rames, recueillir M. Joulia dans les roseaux.

Cette double opération est conduite si rapidement que les Chinois, surpris par la brusque arrivée des embarcations, pensent seulement au moment où celles-

ci débordent emmenant les malheureux qu'elles viennent de sauver, à commencer le feu. Leur fusillade est
des plus violentes, mais personne heureusement n'est
atteint. En revanche, une douzaine de balles se logent
dans les bordages de la chaloupe. L'une d'elles frappe
le blason du célèbre corsaire malouin, placé à l'avant de
cette embarcation comme signe de reconnaissance. Ce
blason a été conservé précieusement, comme souvenir,
par le capitaine de vaisseau Muret de Pagnac, qui commandait alors le *Duguay-Trouin* et a été nommé contre-
amiral pour sa belle conduite dans la rivière Min.

Fait à signaler : A peine dans la chaloupe, les naufragés, bien que tout nus, saisirent aussitôt des fusils
et tirèrent avec rage sur les Chinois pour se venger,
sans doute, de leur long bain forcé.

Le lendemain, à la marée basse, le *Lynx*, qui était
resté mouillé à son poste, signala qu'on voyait le corps
d'un marin échoué sur la vase. On arma une embarcation et on recueillit le cadavre du malheureux Bordy,
qui était mort étouffé, ainsi que les fusils et les four-
niements noyés la veille à la marée haute.

Peu après, une petite expédition, composée du remorqueur *Nantaï*, sous les ordres de M. Layrle aspirant,
de la chaloupe du *Duguay-Trouin*, et du canot à vapeur
de la *Triomphante*, allait se poster dans le canal entre
la terre et l'île de la Passe.

Une baleinière, montée par l'officier torpilleur et deux
de ses hommes, touchait terre et, sous l'appui de ces
embarcations et du *Lynx*, allait rapidement faire sauter
les trois couleuvrines du fortin, occupé la veille par
nos marins.

Ces pièces avaient été préparées sous le feu de
l'ennemi pour être brisées par le fulmi-coton. Les
cordons Bickford pendaient en dehors ; les Chinois

7.

avaient dû y venir pendant la nuit, car un cordon avait été enlevé et une charge dérangée, mais les ennemis, craignant une explosion, et appréhendant de toucher à ces engins si terribles, les avaient laissés en place et n'avaient pas osé poursuivre l'opération.

Remettre tout en ordre fut l'affaire d'un instant pour l'officier torpilleur et ses hommes. Une patrouille chinoise qui se montra fut saluée d'une volée de hotchkiss, et en quelques minutes tout sauta. Les ordres de l'amiral étaient de faire vite ; il ne voulait pas d'engagement par esprit de revanche et avait accentué son ordre qui fut strictement exécuté. Tous les gens engagés furent largement récompensés, ainsi que savait si bien le faire l'amiral.

Pour en finir une dernière anecdote :

Au combat, livré à Tamsui le 8 octobre 1884, où nos compagnies de débarquement perdirent une soixantaine d'hommes, nos braves officiers de marine se firent comme toujours remarquer par leur brillante valeur et furent largement éprouvés.

M. Fontaine, lieutenant de vaisseau du *La Galissonnière*, fut tué.

M. Dehorter, lieutenant de vaisseau de la *Triomphante*, mortellement blessé, mourut à Saïgon.

L'aspirant Roland, du même navire, reçut deux blessures, tomba deux fois, et deux fois se releva pour courir à l'ennemi.

M. Deman, enseigne du *Château-Renaud*, reçut également deux blessures.

M. Diacre, aspirant du *Bayard*, eut l'avant-bras cassé par une balle.

Le clairon du *Château-Renaud*, en voulant sonner la charge, reçut en même temps trois balles dans son instrument : la première brisa l'embouchure sur ses lèvres, la seconde troua le pavillon et la troisième perça la branche.

Un fusilier du *Bayard*, Berthelot, qui était entré un des premiers dans le grand fort de Thuan-An, fut frappé à Tamsui de trois coups de lance.

Salins d'Hyères, 26 août. Débarquement du cercueil de l'amiral Courbet.

CHAPITRE IX.

En rade d'Hyères. — L'escadre.
Le débarquement.

Rade des Salins (île d'Hyères), 24 août.

Pendant la nuit dernière, le mistral s'est levé. Vers cinq heures du matin, la mer commence à se creuser et retarde la marche du *Bayard*. Heureusement, vers midi, le vent mollit, la mer aussi.

A trois heures quarante-cinq minutes, on aperçoit de la passerelle les hauteurs de Cavalaire.

A cinq heures, à l'horizon brumeux, on distingue le phare de Titan et le sémaphore de la pointe Est de l'île du Levant.

Les hommes de l'équipage se pressent sur le gaillard d'avant et contemplent avidement cette terre de France qu'ils ont quittée depuis plus de deux années et demie.

Les timoniers installent la chapelle ardente et astiquent la pièce de 19 de retraite, que le 29 mars dernier, pendant le bombardement de Makung, le vaillant amiral Courbet pointa lui-même sur un canon chinois de 16, qui fut, sur le coup, renversé de son affût.

La terre grandit rapidement devant nous. A six heures et demie, les falaises escarpées des îles du Levant, de Port-Cros, de Porquerolles et des îlots qui les entourent, se détachent en masse sombre sur le beau ciel bleu de la Provence.

Entrée en rade. — Le *Bayard* gouverne droit sur la grande passe des îles d'Hyères, où il entre à huit heures et demie, éclairé dans sa marche par un clair de lune magnifique.

A neuf heures, nous apercevons la ligne des feux de l'escadre au mouillage des Salins.

Afin de se faire reconnaître, le *Bayard* brûle, sur le gaillard d'avant, des feux Coston de couleurs blanche, rouge et verte qui signalent son numéro. Les étincelles de ces immenses flammes de bengale tombent en crépitant dans la mer et le *Bayard* apparaît éclairé jusqu'à la pointe de ses mâts.

Soudain, à l'horizon, une fusée s'élève du *Colbert*, que monte le vice-amiral Duperré, commandant l'escadre; nous sommes reconnus.

Bientôt les masses noires et blanches de l'escadre, mouillée sur deux lignes, se détachent nettement avec leurs feux de position, éclairées par le clair de lune.

De plusieurs hunes des signaux lumineux nous sont faits avec le fanal Colomb.

Au centre, à droite, à gauche, de nouvelles fusées s'élancent, décrivent leur courbe gracieuse et éclatent en pluie diamantée.

A neuf heures vingt, le *Bayard* passe à poupe de la *Dévastation*, montée par le contre-amiral Rallier, commandant en sous-ordre de l'escadre, et va mouiller à 400 mètres en avant du vaisseau amiral.

Le commandant Parrayon et le commandant de Maigret embarquent aussitôt dans une baleinière et se rendent le long du *Colbert*, où n'ayant pas encore reçu la libre partique de la Santé, ils communiquent à la voix avec le vice-amiral Duperré qui leur apprend que la cérémonie funèbre n'aura lieu qu'après-demain, mercredi.

Rade des Salins, 25 août.

Ce matin, un gai rayon de soleil, pénétrant par le grand panneau, vient me réveiller dans mon cadre ;

La salle à manger de l'amiral Courbet sur le *Bayard*.

il est cinq heures et demie. Je monte sur le pont. Tout l'équipage est au travail : les matelots, les mains pleines de peinture blanche, s'efforcent de masquer, pour la cérémonie de demain, le vestiges d'une campagne de vingt-six mois.

L'aspect de la rade est en ce moment magnifique, avec la présence de l'escadre de la Méditerranée, qui est venu, y mouiller hier, à onze heures du matin.

Ces masses sombres entourées de centaines d'embarcations : chaloupes, baleinières, canots à vapeur, se détachent sur le bleu-saphir de la mer et ressemblent à une véritable ville flottante.

L'Escadre. — Les cuirassés sont mouillés sur deux lignes, et à environ un mille et demie de la côte, le *Bayard* entre eux et la terre.

La première ligne est composée du *Colbert*, qui porte le pavillon du vice-amiral Duperré, commandant en chef ; de l'*Amiral-Duperré* et du *Friedland*. En seconde ligne, et au large, la *Dévastation* (contre-amiral Rallier), le *Suffren*, les garde-côtes le *Fulminant* et le *Tonnant ;* ces deux derniers, dépourvus de leur mâture, ressemblent à d'énormes monstres marins. Les deux torpilleurs nos 64 et 65 (lance-torpilles), à peine visibles au-dessus de la surface des eaux, sont amarrés aux chaînes des cuirassés.

Plus à gauche, la *Couronne*, le vaisseau-école des cannoniers, la coque noire et les sabords blancs, avec son annexe le *Saint-Louis*, et le *Japon*, transport acheté en 1860 aux Anglais lors de la guerre de Chine et devenu aujourd'hui l'école des torpilles automobiles.

L'aviso le *Milan*, le plus rapide bâtiment de notre flotte, qui peut filer plus de 18 nœuds à l'heure, les mouches l'*Hirondelle*, le *Desaix* et l'*Éclaireur* sont à l'arrière des cuirassés.

Le cadre de cette belle nappe d'eau est des plus pittoresques avec sa ceinture de hautes montagnes sablon-

neuses aux tons d'ocre pâle où se détachent, en longues
lignes noirâtres, les forêts de sapins dont l'odeur rési-
neuse arrive jusqu'à nous.

La Rade. — Devant nous, les blanches maisonnettes
des Salins tout ensoleillées et le petit port Pothuau, où
demain doivent être débarqués les restes mortels de
notre bien cher et regretté amiral.

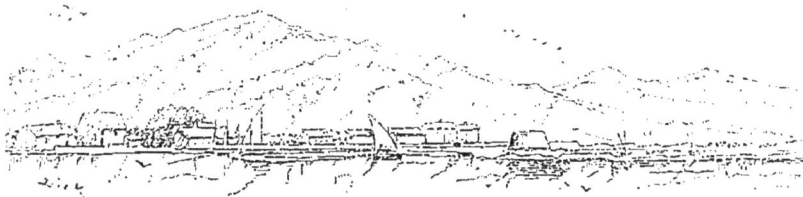

Par le port Pothuau il faut entendre un abri que la
marine a fait construire pour les seules embarcations,
car les bâtiments du plus petit tonnage ne peuvent y
entrer. Ils sont obligés, comme les navires de guerre,
de mouiller à quelque distance de la côte ferme. Du
reste, la rade des îles d'Hyères est peu fréquentée par
le commerce ; quelques navires viennent y charger du
sel, le produit des salines importantes qui bordent le
littoral entre la bourgade des Salins et la presqu'île
de Giens, laquelle ferme la rade dans la direction
de l'ouest.

La rade des îles d'Hyères est la plus belle de la côte
de Provence. Située à une vingtaine de kilomètres de
Toulon, elle est un des champs de manœuvres de nos
bâtiments de guerre, qui y trouvent toutes les commo-
dités pour leurs évolutions et leurs exercices. Elle est
également le centre de stationnement de l'école de
canonnage et de l'école de torpilles, et c'est là que les navires de l'escadre viennent régulièrement effectuer leurs

tirs. Rien ne les gêne ; quelques barques seules circulent.

Périodiquement, les bâtiments de l'école de canonniers y effectuent des exercices à feu ; tantôt au mouillage, tirant sur la falaise de Giens, tantôt sous vapeur
tirant sur des buts mouillés devant lesquels défilent les
navires.

Le mouillage est excellent ; sauf pendant les gros coups
de vent d'Est, les communications avec la terre sont
toujours faciles ; la côte est peu habitée, tout en culture,
très salubre : le paysage est charmant. La ville d'Hyères
domine le mouillage à distance, avec ses vieilles
ruines romaines qui servent de point de repère aux
navigateurs. Elle est reliée aux Salins par un embran-
chement de quelques kilomètres, qui réunit ainsi la
rade au réseau général.

Plus à gauche, le mouillage de la Badine, où, le
17 mars 1879, la batterie *l'Arrogante*, surprise par un
coup de vent de l'est, venait s'échouer. Sur 130 hommes
qui se trouvaient à bord, une quarantaine furent noyés.
Parmi les morts on compta malheureusement tous les
officiers ; les lieutenants de vaisseau Ribes, Paturel,
d'Annoville, Paul et l'aide-médecin Thoir. Tous ces
officiers détachés à bord de l'*Arrogante*, étaient embarqués depuis quelques jours à peine sur ce navire.

L'amiral Duperré. — Dès la première heure, les visi-
tes se succèdent à bord du *Bayard*.

A onze heures et demie, arrivée de l'amiral Duperré,
suivi de son état-major, qui est reçu à la coupée par
les commandants Parrayon et de Maigret.

Devant le cercueil, ce brave marin ne peut retenir
ses larmes et sanglotte convulsivement ; la gorge étran-
glée par l'émotion, il ne profère aucune parole et se
retire en saluant de la main les officiers et les marins
du *Bayard*, qui forment la haie sur son passage.

A deux heures et demie, le contre-amiral Rallier vient à son tour.

Tous les commandants des bâtiments de l'escadre et de nombreux officiers viennent embrasser leurs frères d'armes, et il se passe là plusieurs scènes touchantes. Les héros de Sheïpoo, MM. Gourdon et Duboc sont très entourés.

Vers une heure, un canot du *Bayard* nous amène M. le colonel Courbet-Poulard, du 1er hussards, cousin du défunt, qui est accompagné de son capitaine-instructeur, M. de Sabran-Pontevès.

Ces deux officiers, qui doivent accompagner le convoi jusqu'à Abbeville, reçoivent l'hospitalité à bord du *Bayard*.

Bientôt arrivent M. le commandant Communal, sous-chef d'état-major et représentant du ministre de la marine, et M. le capitaine de frégate Ravel, l'ancien aide de camp de l'amiral Courbet à Fou-Tchéou.

La couronne du Bayard. — Cet officier nous apporte les couronnes offertes par les équipages de la flotte : celles de la *Triomphante*, du *Duguay-Trouin*, du *Bayard*. Cette dernière mesure 1m,60. La première garniture est en fleurs et en perles, coupées par des filigrannes d'or et d'argent. Des feuilles de laurier et chêne en or et en argent entourent un magnifique bouquet de roses en biscuit. Aurour de ce bouquet, les noms de Thuan-An, Sontay, Fou-Tchéou, Kélung, Sheïpoo, Pescadores, se détachent en lettres brodées d'or. En haut, on lit : *Le* **Bayard**, *à son amiral;* en bas, les deux initiales : A. C.

Les Salins d'Hyères, 26 août.

L'orage. — Un violent orage a éclaté la nuit dernière et a duré jusqu'à quatre heures du matin.

Vers dix heures du soir, de gros nuages gris apparaissent à l'horizon Est, au-dessus de l'île du Levant; à chaque seconde, de larges éclairs sillonnent leurs masses grisâtres. De sourds grondements se font entendre au loin.

La nuée s'élève rapidement, les étoiles disparaissent. Les éclairs augmentent d'intensité et éclairent de leurs lueurs fulgurantes la rade, où les navires se découpent comme de fantastiques apparitions.

« *Mouillez les chaînes!* » commande l'officier de service, et les lourds anneaux de fer qui se relient aux paratonnerres placés à la pointe de chaque mât, tombent avec fracas à la mer.

Nous sommes parés pour l'orage.

Celui-ci éclate dans toute sa force. Les éclairs se succèdent sans interruption et illuminent de leurs flammes bleuâtres l'intérieur des batteries. Le tonnerre roule avec violence, repercuté cent fois par les montagnes de la côte. A diverses reprises la foudre s'abat avec fracas sur les sommets escarpés qui dominent Hyères.

Des torrents de pluie s'abattent sur nous et fouettent avec violence les bâches en cuir qui recouvrent l'ouverture des panneaux de descente.

Avant la cérémonie. — Un peu avant le jour, l'orage s'apaise; les étoiles réapparaissent de nouveau, et il ne reste bientôt plus que quelques nuages floconneux accrochés aux cimes des montagnes.

A quatre heures cinquante minutes, au moment du branle-bas, le temps est entièrement remis au beau.

A cinq heures trente minutes, un rayon de soleil s'élève à l'horizon et vient se refléter dans les eaux bleuâtres de la rade.

Un premier coup de canon qui doit se répéter d'heure en heure, retentit alors dans notre batterie de tribord.

Les vergues sont apiquées en pantenne, et le pavillon hissé en berne, manœuvre imitée par toute l'escadre.

Le soleil brille bientôt dans tout son éclat. La rade des Salins présente une animation extraordinaire. Dans tous les sens, on ne voit que des embarcations se dirigeant soit sur le *Bayard*, soit vers la terre où elles amènent les compagnies de débarquement.

Vers sept heures, arrive à port Pothuau, le capitaine de pavillon de l'*Amiral-Duperré*, M. Barreira, pour donner des ordres relativement à la formation des troupes dont il a le commandement.

A sept heures et demie, on bat aux champs à bord du *Colbert*. Le vice-amiral Duperré, le contre-amiral Rallier, ainsi que les commandants des bâtiments de l'escadre, accompagnés de nombreux officiers, accostent le *Bayard*, où ils sont reçus par l'état-major. Tous, portent la redingote avec épaulettes et sabre, le pantalon et la casquette blancs.

Pendant ce temps, les compagnies de débarquement, composées de 1,200 hommes, pantalons blancs, vareuses et chapeaux de paille, recouverts en toile, descendent à terre et prennent leurs places pour former la haie sur le passage du corps.

La messe à bord. — A huit heures, le service funèbre commence à bord du *Bayard*.

L'autel est placé dans le même endroit et recouvert des mêmes tentures qu'à Port-Saïd.

L'abbé Rogel, assisté du curé d'Hyères, et de deux missionnaires, célèbre la messe qui dure environ une demi-heure.

Durant l'office, un silence profond et recueilli ne cesse de régner sur le *Bayard*, ainsi que sur les autres navires ; les équipages se tiennent sur le pont ou dans les batteries.

A l'issue de la messe, l'abbé Rogel vient auprès du cercueil et dit la prière des morts. L'amiral Duperré s'a-
vance ensuite, et avant de prendre l'eau bénite, prononce quelques paroles ; bientôt l'émotion l'emporte ; à
peine peut-il dire en terminant :

« Courbet, lui aussi, fut comme Bayard, sans peur et
sans reproche. Cher et excellent ami, repose en paix !
Adieu ! »

L'émotion est à son comble ; on n'entend que le bruit
des sanglots ; tous ces visages hâlés par la mer et bron-
zés par le soleil de Chine, sont mouillés de larmes.

Les officiers et marins défilent devant le corps.

Débarquement du cercueil. — La bière est enlevée
alors par dix hommes et déposée sur deux petits cha-
riots à projectiles reliés ensemble. Quatre hommes poussent aux tiges en fer ; leurs camarades les aident.

Arrivé au-dessus de la coupée de tribord, à hauteur
des cheminées, un bras de palan est tourné à l'intérieur.
Les cordages qui entourent le cercueil sont solidement
amarés au croc de la poulie.

— Parés à monter ! — commande l'officier de service,

Un coup de sifflet.

Le cercueil s'élève et descend le long des flancs du *Bayard* qui, sous sa peinture blanche, ressemble à un vaisseau fantôme, au milieu des masses noires de l'escadre.

« Feu ! » La compagnie de débarquement rangée sur les glacis à bâbord, tire un première salve de mousqueterie.

Le cercueil, reçu dans les bras des marins, est déposé dans le fond de la baleinière de l'amiral dont l'avant est décoré de trois étoiles d'argent.

On le recouvre d'un pavillon tricolore.

— Montez ! — A ce commandement répété à bord de chaque bâtiment, tous les marins de l'escadre, semblables à une véritable fourmilière, s'élancent dans les haubans où ils s'étagent, ne pouvant se tenir sur les vergues mises en pantenne.

Sur les deux garde-côtes, les hommes se placent sur les éperons.

Le reste des équipages se groupe, chapeau à la main, sur les gaillards d'avant. Partout, tambours et clairons battent et sonnent aux champs.

La compagnie du *Bayard* tire une seconde et une troisième salve de mousqueterie.

L'artillerie du bord commence également un salut de dix-neuf coups de canon et le *Bayard* disparaît dans un nuage de fumée.

Le canot à vapeur du *Bayard* prend la remorque du canot funèbre, qui porte à bloc à l'avant le pavillon tricolore aux trois étoiles blanches. A l'arrière se tient debout M. Receveur, l'officier de service du *Bayard*.

Les canots des amiraux sont en arrière; ceux des commandants des bâtiments et ceux des états-majors se forment en deux lignes à droite et à gauche du canot de l'amiral Duperré, et le cortège, au bruit de l'artillerie, se dirige vers la terre.

Le spectacle est saisissant. La mer, pour la dernière fois, berce le vaillant amiral dans la frêle embarcation qui porta jadis si souvent le chef à travers l'écume des plages jusqu'auprès de ses soldats vainqueurs, et la

quadruple cloison du cercueil vibre sous le tonnerre
des gros canons lançant leur dernier salut.

L'arrivée à Port Pothuau. — A neuf heures vingt
minutes, le cortège arrive au petit port Pothuau, situé
à 300 mètres environ de la gare et faisant partie du
domaine de la Compagnie des Salins.

L'embarcation portant le corps traverse ce petit
bassin et accoste au garage de la Compagnie, où les
digues sont placées.

Le char funèbre. — Là se trouve le char funèbre sur
lequel le cercueil est monté, au bruit du sifflet de
manœuvre, comme un matelot sur la hune.

Ce char, dressé par les soins de l'arsenal de Toulon.
mérite une rapide description.

C'est une pièce de douze sur laquelle on lit : *Le Zéphir*.
Un avant-train sur le devant de la pièce est surmonté

d'un plancher pour laisser glisser le cercueil. Aux
quatre coins, des trophées d'espingoles avec des drapeaux et des écussons, portant les noms des batailles
de la campagne de Chine.

Sur l'avant-train, on a dressé un faisceau de fusils
Gras, noués par un crêpe. Au milieu de ce faisceau est

placé un tambour, contre lequel se dressent des sabres et des haches d'abordage.

De chaque côté de l'avant-train est un écusson, surmonté d'une ancre et entouré de feuilles de chêne et de laurier. Au milieu de l'écusson se détache la lettre C. dorée, sur fond noir.

Au char sont attelés six chevaux d'artillerie de marine, avec leurs conducteurs en grande tenue, dolman à tresses noires, shako au plumet retombant de crins rouges.

Le cortège. — L'arrimage du corps sur le char dure longtemps. Enfin, l'opération terminée, le cortège se met en route pour la gare.

En avant, les sapeurs, la hache d'acier bleuâtre à l'épaule, puis les tambours, clairons et la musique du *Colbert* jouant une marche funèbre.

Les amiraux de l'escadre, les délégués du ministre de la marine, ainsi que de nombreux officiers viennent derrière le corps.

Les compagnies de débarquement, sous le commandement du capitaine Barreira, ouvrent et ferment la marche.

Derrière les officiers sont portées deux couronnes.

L'une, offerte par la marine, mesure environ un mètre de diamètre ; elle est entièrement recouverte de soie bleue, sauf une bande blanche, d'environ vingt centimètres de largeur, qui enceint la circonférence extérieure.

La couronne est enchâssée dans une seconde couronne métallique dorée mi-partie chêne et laurier. Toute l'étoffe est parsemée d'étoiles d'argent. Au bas de la couronne sont deux écussons en cuivre doré, posés un de chaque côté et découpés à jour ; le premier rappelle le souvenir des quatre victoires de l'amiral Courbet :

8.

Kélung, Sontay, Pescadores, Fou-Tchéou, et le second porte cette inscription : *La marine de Toulon à l'amiral Courbet.*

Deux grands nœuds de rubans mauves moirés, d'environ vingt-cinq centimètres de largeur, ornent la partie inférieure. L'extrémité de chaque nœud porte, brodé en or, un motif compliqué, composé d'une ancre, des ailes du Temps et d'étoiles.

La couronne est complétée, à sa partie supérieure, par une ancre en or de trente centimètres environ, surmontée de trois étoiles.

Cette couronne est portée, sur un parois incliné, par plusieurs matelots, et les extrémités des rubans qui y sont attachés, sont tenues par une députation d'officiers.

La seconde couronne, en immortelles jaunes, est portée sur les épaules de huit sous-officiers. Au centre se trouvent deux épées croisées et une troisième qui traverse. L'inscription porte: *L'armée à l'amiral Courbet.*

A la gare des Salins. — Au moment de l'arrivée du cortège à la gare des Salins, l'amiral Krantz, préfet maritime de Toulon, portant le cordon de la Légion d'honneur, se tient à l'entrée du quai, entouré de son état-major, des amiraux Baux et Boissoudy, du général Lonclas, du préfet du Var, de M. Maurel, député, des maires d'Hyères et de Toulon. Ce dernier a apporté la couronne, offerte par la ville, toute en immortelles, au milieu de laquelle se trouve une ancre en bois avec les armes de Toulon.

Au moment où le cercueil arrive sur le quai, les troupes rendent les honneurs militaires.

Le char funèbre est placé devant le fourgon et l'amiral Krantz s'avançant, prononce un émouvant discours, qu'il termine par la magnifique péroraison suivante:

Chacun a gardé le souvenir de l'impression profonde que firent successivement dans le pays la prise de Thuan-An, la prise de Sontay, la destruction de la flotte chinoise devant Fou-Tchéou et les belles opérations de la rivière Min. L'homme de guerre se révélait par des coups de maître.

Mais c'est dans la suite de cette campagne, pendant le blocus de Formose, que Courbet allait donner la mesure de sa capacité comme homme de mer, de sa fermeté d'âme et de ses qualités de chef. Ce blocus mémorable et sans précédent restera son éternel honneur dans l'histoire des marines.

Oui, Courbet, tu as fait ton devoir, tout ton devoir ! Tu as vaillamment servi le pays, et ton nom sera impérissable, dans le corps de la marine que tu as honoré.

Que tes cendres reposent en paix dans la terre de France, et que ton âme jouisse du bonheur éternel : c'est le vœu d'un de tes vieux amis, de tes camarades, c'est celui de tous les officiers qui t'ont connu, de ces soldats et de ces marins auxquels tu as si souvent montré le chemin de l'honneur et donné l'exemple de tous les courages. Adieu.

Après l'amiral Krantz, le général de Lonclas adresse à l'amiral les adieux de l'armée :

Je regrette, dit-il, de n'avoir pas servi sous les ordres de Courbet ; un des officiers du corps expéditionnaire eût été mieux que moi désigné pour prendre la parole ; mais, les ayant tous reçus à leur retour du Tonkin, je sais quelle admiration le corps du Tonkin avait pour le vainqueur de Sontay et quel souvenir ils gardent de ce chef éminent.

Le maire d'Hyères, en quelques paroles émues salue au nom des populations du littoral la dépouille de l'illustre mort.

Quelques minutes après, le cercueil est placé dans le fourgon, devant lequel veille un piquet d'honneur des élèves canonniers de la *Couronne*, en attendant le départ du train pour Paris.

Les canots regagnent le large : officiers et matelots vivement impressionnés rentrent à bord. Sur le *Bayard*

le pavillon tricolore, pour la première fois depuis le
10 juin, est hissé à bloc. Le chef bien-aimé n'est plus
là ; il ne reste plus dans la chambre mortuaire, que
quelques feuillages desséchés que tout l'équipage se
partage pieusement.

Paris, 28 août. La cérémonie funèbre aux Invalides.

CHAPITRE X.

**Le voyage. — L'arrivée à Paris. — La céré-
monie des Invalides. — A Notre-Dame. — A
Abbeville.**

Paris, 27 août.

Hier, à midi, le détachement du *Bayard* qui doit
accompagner à Paris le cercueil de son chef, se forme
sur le pont. Ce détachement est sous les ordres de
M. le lieutenant de vaisseau Gourjon du Lac qui a commandé la compagnie de débarquement de ce cuirassé
pendant toute la campagne. M. le lieutenant de vaisseau
Habert lui est adjoint.

8.

Le détachement *d'honneur* est ainsi composé : trois seconds-maîtres, parmi lesquels Morel et Julaude, six quartiers-maîtres et soixante matelots de toute spécialité.

Un détachement de douze gradés, la plupart médaillés parmi lesquels nous remarquons Rochedreux, Le Du et Montfort de l'équipage des embarcations qui ont torpillé les Chinois à Sheïpoo, et Thoer, qui était à Fou-Tchéou, sur un torpilleur.

Citons enfin notre ami Zi, l'interprète qui a fait en 1867 l'expédition de Corée avec l'amiral Roze, et est à bord du *Bayard* depuis le mois de juillet 1884.

Quand le détachement est réuni, le commandant Parrayon, en quelques paroles énergiques, exhorte les marins à se faire remarquer par leur discipline et leur excellente conduite dans le long voyage qu'ils vont accomplir.

« Vous avez l'honneur, dit-il, de représenter l'équipage du *Bayard*, et d'escorter l'amiral qui vous aimait tant ; rappelez-vous que vous êtes tous ses enfants et soyez dignes de lui ! »

Ce petit discours produit le meilleur effet, et le détachement s'embarque dans un immense chaland de la *Couronne*, que remorque un canot à vapeur du même bâtiment.

Un peu avant une heure, le détachement débarque au wharf, construit en arrière de la gare et relève la garde d'honneur fournie par les canonniers de la *Couronne*.

Départ du train spécial. — Les derniers préparatifs faits, le train spécial se met en route à une heure trente-cinq. Au moment où il quitte la gare des Salins, le *Colbert* salue la dépouille mortelle de l'amiral de dix-neuf coups de canon.

Le train, dirigé par un inspecteur de la compagnie, se compose de deux fourgons de bagages, d'un wagon-salon, d'une voiture de 1re classe pour les officiers, de trois voitures de 2e classe pour les marins et de deux autres fourgons, l'un, portant le n° 7539, qui renferme le cercueil, n'a aucun emblème extérieur, rien que les mots: « Cercueil de l'amiral Courbet », au crayon blanc, l'autre, portant le n° 17 A, qui renferme les couronnes.

Le capitaine de vaisseau Perrayon, du *Bayard*, qui a pour mission d'amener le corps à Paris, est en petite tenue, veston de service et casque blanc. Il prend place dans le wagon-salon avec les commandants de Maigret et Foret, le commissaire Edet, le commandant Communal, l'abbé Rogel, le colonel Courbet-Poulard et le capitaine de Sabran-Pontevès. Une quinzaine d'officiers de marine de tous grades sont placés dans la voiture de première classe.

A Hyères arrêt de quelques minutes pour prendre les officiers de l'état-major du ministre.

Le train ne passe pas par Toulon et Marseille; il va rejoindre la grande ligne à Rognat, en passant par Brignoles et Aix. Sur tout le parcours, jusqu'à la nuit, les abords des gares sont envahis par une foule nombreuse qui se découvre avec respect pendant le séjour du train et acclame les marins.

A Brignoles, le maire et le conseil municipal viennent saluer le commandant Parrayon et déposer une couronne.

A Gardanne, même incident. Au départ du train, l'on tire une salve de mousqueterie.

Aix. — A Aix, une foule énorme garnit les abords de la gare; on crie : « Vive la marine! Gloire à Courbet! Vive la France! » Le maire, le sous-préfet, les conseillers municipaux, une députation d'officiers de la garnison attendent le train. La ville d'Aix, le *Petit Mar-*

seillais, le cercle des officiers envoient de superbes couronnes.

Avignon. — A Avignon, la manifestation est vraiment imposante. A huit heures quinze, au moment, où le train entre en gare, une compagnie du 58e, un détachement de pontonniers présentent les armes, les tambours battent aux champs.

Le général de division Courty, entouré de son état-major, le préfet, le premier adjoint au maire, tout le corps d'officiers du 58e de ligne et du régiment de pontonniers se découvrent et se dirigent vers le train, où les reçoit le commandant Parrayon.

« C'est une gloire maritime et militaire, dit le général Courty, que nous venons saluer, à laquelle nous apportons le tribut de notre admiration et de notre douleur. »

Le commandant Parrayon remercie le général dans un langage plein d'élévation. « Notre amiral, a-t-il dit, était la loyauté, l'honneur, la bonté, la fermeté et l'honnêteté dans ses moindres nuances. Il aimait par-dessus tout notre chère France, la marine et l'armée. Il nous a donné à nous qui ne l'avons pas quitté, de grands enseignements et ceux qui ont assisté à ses derniers moments, ont vu comment sait mourir un homme sans peur et sans regrets. »

Ajoutons que la garnison, la commission départementale et la ville d'Avignon ont apporté de splendides couronnes.

Pendant ce temps, les marins sont attablés au buffet où un excellent repas leur est servi. Ils font là, comme sur toute la route, la meilleure impression par leur tact, leur tenue exemplaire et leur excellente discipline.

Après un arrêt de trois quarts d'heure, le train se

remet en marche. Le 58° de ligne, les pontonniers portent les armes, les officiers saluent ; dans le train, officiers de marine et marins sont découverts, et le convoi funèbre file à toute vitesse sur Paris, derrière le rapide, salué par les hourrahs de la population, qui est massée aux abords de la gare. Les toits des maisons voisines, les arbres eux-mêmes sont couverts de curieux.

Lyon. — Il n'y a plus d'arrêt jusqu'à Lyon, où le train arrive à une heure vingt du matin. Une foule énorme stationne sur le quai de la gare. Dans le fourgon sont placées plusieurs couronnes, parmi lesquelles on remarque celle envoyée par la rédaction du *Nouvelliste de Lyon*. Elle mesure un mètre vingt de diamètre et est en immortelles, garnie de crêpe et ornée d'un nœud mauve.

Arrivée à la gare de Lyon. — A toutes les stations les gendarmes rendent les honneurs. Au jour les manifestations recommencent. A toutes les stations, les populations se pressent aux abords des gares pour apercevoir le train à son passage et crier : « Vive la France ! vive la marine ! »

Voici Montereau ; voici Fontainebleau avec de nombreux officiers rangés sur le quai. Les képis sont agités, mais le train disparaît, rapide comme l'éclair, sous le grand tunnel. Voici Melun, puis Villeneuve-Saint-Georges.

A l'horizon apparaissent les forts de la rive gauche et le dôme du Panthéon.

A Charenton les berges de la Marne et la passerelle du chemin de fer sont couvertes de curieux. Tous sont découverts et suivent du regard ce train qui amène aux Invalides la dépouille du vainqueur de Sontay et de Fou-Tchéou.

10 heures 45 ! Le train entre en gare et l'on voit

apparaître aux portières la figure bronzée de nos braves marins, coiffés du chapeau blanc sur lequel tranche le ruban noir d'ordonnance.

L'amiral Galiber, ministre de la marine, s'est rendu en personne à la gare pour recevoir le corps de son illustre ami. On remarque également MM. Gragnon, préfet de police ; Caubet, chef de la police municipale ; le capitaine de frégate Maréchal, aide de camp du ministre de la marine, et le capitaine Josse, officier d'ordonnance.

Le train s'arrête. Le commandant de Maigret descend le premier de wagon et se jette dans les bras du ministre de la marine, qui l'embrasse avec effusion ; tous les deux ont les larmes aux yeux.

Au commandement de : « Tout le monde dehors ! » les marins sautent sur le quai, sac au dos et kropatschek en main. On détache du train le fourgon qui renferme le cercueil et on le conduit vers le quai spécial où attend la voiture des pompes funèbres, attelée de deux chevaux noirs, qui doit le conduire aux Invalides.

Quatorze hommes d'équipe, gantés de blanc, se tiennent prêts à opérer le transport du cercueil.

Les marins forment la haie de chaque côté de la voiture, afin de rendre les honneurs à leur ancien chef.

Les deux portes du wagon sont descellées par l'amiral Galiber, qui entre le premier, suivi du préfet de police et de l'abbé Rogel.

Avant de débarquer le cercueil, on retire une demi-douzaine de magnifiques couronnes offertes par les populations françaises des villes où le *Bayard* s'est arrêté, et la couronne de feuillages offerte par l'escadre de l'Extrême-Orient.

Les matelots présentent les armes ; tout le monde se découvre ; le cercueil, enveloppé d'une toile bleu foncé et reposant sur une grande planche capitonnée, est retiré du wagon par les hommes d'équipe et porté dans le fourgon. Les couronnes sont chargées dans une voiture verte.

Le fourgon se met aussitôt en marche, accompagné des voitures du préfet de police, de M. Caubet, du colonel Courbet-Poulard et du capitaine Josse, traverse la cour d'arrivée et débouche sur la place où stationne une foule compacte. Près de quatre mille personnes forment la haie.

Un silence profond se produit : tous les hommes se découvrent, les femmes se signent, et un groupe de jeunes gens fait flotter deux drapeaux.

Aux Invalides. — Le convoi funèbre suit le boulevard Diderot, le pont Sully, le boulevard Saint-Germain, et arrive à 11 heures 20 sur l'Esplanade des Invalides, où la foule est encore plus nombreuse.

Le fourgon pénètre dans la cour d'honneur, et s'arrête devant le portail Napoléon. Les vieux invalides sont rangés en haie.

Douze employés des pompes funèbres retirent le cercueil du fourgon. Le général Sumpt, commandant des Invalides, et M. l'abbé de Greteau se tiennent sur les marches et reçoivent le corps, qui est déposé dans la chapelle du Saint-Sépulcre, transformée en chapelle ardente. Les côtés et le plafond de cette chapelle sont masqués par des tentures noires brodées aux angles de grandes ancres en argent et portant l'écusson à la lettre C.

Le catafalque est très bas, entouré de chandeliers et surmonté d'un baldaquin noir brodé d'argent. Les angles de la chapelle sont occupés par des trophées de drapeaux voilés de crêpes, devant lesquels sont placés des torchères d'argent. Au pied du catafalque, sur un socle noir, un coussin destiné à recevoir l'épée et les décorations de l'amiral. De chaque côté deux prie-Dieu également drapés.

On enveloppe le cercueil dans un grand drapeau de soie tricolore. Deux invalides, sabre au poing, montent la garde dans la chapelle en attendant l'arrivée des marins du *Bayard* qui doivent fournir la garde d'honneur.

Ce détachement, après avoir déjeuné à la gare de Paris-Lyon, se rend au quartier du quai d'Orsay, où il doit être logé pendant son séjour à Paris, et là, reçoit l'accueil le plus chaleureux de la part des officiers, des sous-officiers et des hommes du 14e régiment de dragons.

De midi à six heures une foule énorme défile aux Invalides devant la chapelle ardente. Un grand nombre de délégations viennent apporter des couronnes. Citons notamment la superbe couronne offerte *à l'amiral Courbet par les Droites de la Chambre des Députés.*

Paris, 27 août.

Aujourd'hui la population de Paris a rendu à la dépouille mortelle de l'amiral Courbet les hommages les plus touchants et les plus respectueux

Il convient avant tout de louer la décoration de l'extérieur des Invalides, ainsi que celle de la chapelle, en disant que l'on en a vu rarement de mieux appropriées et de mieux entendues.

On ne peut pénétrer dans l'église sans être saisi par le spectacle grandiose qu'on a sous les yeux. Toute la nef est cachée par d'immenses tentures noires parsemées d'étoiles d'argent, voilant de leurs plis les bas-côtés et les galeries supérieures.

Au-dessus des rideaux courent, en double bordure, un long crêpe lamé d'argent et un revers d'hermine du plus imposant effet.

Dans chaque angle du fond, se trouve un trophée de drapeaux. Les banquettes, elles aussi, sont bordées d'argent. La chaire ressemble, à distance, à une femme en deuil, quelque gigantesque image de la France plongée dans une douloureuse rêverie, en face de ce catafalque. Un long crêpe semé d'étoiles d'argent, l'enveloppe du parquet à la voûte de l'église. Au fond, derrière l'autel, un panneau noir quadrangulaire que traversent les bras blancs de la croix, et au-dessus duquel deux palmes vertes se déploient. Dans le jeu des draperies, en haut des chapiteaux des colonnes, des écussons aux armes de la marine et des trophées ; et, simultanément, alternant avec des palmes et la lettre C, d'autres cartouches où sont inscrits les noms des victoires de l'amiral : *Thuan-An, Sontay, Phu-Sa, Rivière Min, Fou-Tchéou, Shéïpoo, Kélung, Pescadores.*

Au centre, descendant de la voûte, un dais superbe, dont les faces concaves sont reliées à la voûte par de longues flammes de deuil bordées d'hermine, semble une tiare suspendue sur le sacrophage, qui mesure onze mètres de haut sur six mètres de large. Il est formé de colonnes torses avec broderies d'argent et supporte un plafond massif, lamé d'argent, empanaché aux angles et portant des écussons où la lettre C s'entrelace avec un ancre. Le cénotaphe semble gardé à ses pieds par quatre statues de marbre blanc : la *Foi*, l'*Espérance*, la *Charité* et la *Religion*.

Tout autour, dans l'harmonieuse gradation des marches, s'étagent quatre rangs de cierges. Au-dessous, se rangent, du chœur à la grille de la nef, dix-huit lampadaires de trois mètres de hauteur, aux flammes vertes.

Enfin, tout à fait en haut, contre la pierre nue de la voûte, se balancent des centaines de drapeaux troués de balles, noircis par la poudre, trophées de nos victoires passées et contemporaines, qui attestent que la gloire a souri à la France sous tous les soleils. Parmi ces étendards, on remarque la grande bannière noire de Luh-Vinh-Phuoc, arrachée sur les remparts de la citadelle de Sontay, et la longue flamme jaune au dragon impérial, que nos marins ont enlevée à l'abordage sur le vaisseau chinois le *Fou-Po*, le 23 août 1884.

Tel est l'intérieur de l'église.

Au dehors, l'aspect de la façade du portail Napoléon annonce et prépare la vue de cet intérieur. Elle est drapée, cette façade, dans toute sa largeur, d'autres tentures noires et blanches. Le fronton du portail est garni d'une bordure argent, avec feuilles de lauriers, et d'un vaste velum. Ce fronton est couronné d'un immense trophée de drapeaux qui entourent le buste du vainqueur d'Austerlitz, et qui a, à sa base, un motif allégorique de trois mètres de diamètre ; c'est un grand cartouche portant l'initiale C, au-dessus duquel sont dessinés le chapeau, les épaulettes d'amiral et les attributs de la marine. Ces ancres croisées attestent, par le plus heureux des symboles, qu'une espérance doit se dégager de ces larmes, une consolation de ce deuil. Le

héros, que l'on pleure, a laissé des continuateurs de son
œuvre, des participants de sa foi, de son patriotisme et
de son génie. La marine et l'armée qui ont lavé les
humiliations nationales, peuvent suffire demain au salut
de la patrie que ce glorieux trépas a déjà rehabilitée.

Enfin, sur le portail Louis XIV, comme première
manifestation de tristesse, en face de la grande ville
émue et recueillie, en arrière de ces vieux canons pris
à l'ennemi, qui célèbrent encore nos rares joies, s'éten-
dent et se déploient d'autres tentures noires et lourdes,
encadrant un cartouche qui représente l'arrière du
Bayard, entouré d'attributs maritimes : ancres, canons,
fusils, haches, sabres d'abordage.

La cérémonie funèbre. — Dès dix heures du matin,
les troupes qui doivent défiler devant la dépouille mortelle de l'amiral, s'acheminent vers les Invalides. Une
division d'infanterie prend position sur l'esplanade, ainsi
que quatre escadrons du 7ᵉ cuirassiers et les 11ᵉˢ batteries des 13ᵉ et 31ᵉ régiments d'artillerie. Un escadron
de la garde de Paris, occupe déjà l'esplanade des Invalides.

Les troupes se massent à onze heures sur l'esplanade,
l'infanterie formant sa ligne de bataille, face à l'hôtel
des Invalides, la garde de Paris à sa droite, puis les
cuirassiers et l'artillerie.

Dans la cour d'honneur stationne, à droite, le char
funèbre attelé de quatre chevaux noirs, aux roues argen-
tées, garni aux angles de trophées de drapeaux tricolores. Neuf voitures de deuil sont rangées près de lui.

A gauche, la musique de la garde de Paris.

A l'entrée de l'église, le détachement de marins du
Bayard, sous les ordres de M. Gourjon du Lac, forme
la garde d'honneur, baïonnette au canon, en tenue de
campagne, vareuse et pantalon de laine bleue, bonnet

de travail. Auprès d'eux se tient une délégation des francs-tireurs de Châteaudun.

Une foule énorme occupe toute la galerie supérieure. Sur les marches, à droite du portail Napoléon, est placée une petite frégate en bois doré, la coque garnie de lierre, le pont chargé de roses, et offerte par les marins dont les noms suivent : Laroche (du *Bayard*) ; Biennait ; Fortin, sergent d'infanterie de marine ; Corset, sergent-major ; Agasse, caporal ; Tranche, soldat de première classe, décoré de la médaille militaire ; Guénan, Gilbert, Pernot (du *Bayard*).

A gauche du portail, est déposée une magnifique couronne de laurier vert et or, voilée d'un crêpe et garnie d'un ruban avec cette inscription : *A l'amiral Courbet, la milice du Christ.*

A l'église. — A dix heures, le cercueil est retiré de la chapelle ardente et transporté sous le catafalque. Sur un coussin de velours sont placés le chapeau, les épaulettes et l'épée de l'amiral.

Près du catafalque se tiennent les six officiers supérieurs qui doivent prendre les cordons du poêle ; ce sont les vice-amiraux Amet, baron Roussin, Ribourt, les généraux de division Salanson, de l'armée de terre, Virgile, inspecteur général de l'artillerie de marine, et Bossant, inspecteur général de l'infanterie de marine. Le 12 février de cette année, le fils de ce dernier, jeune sous-lieutenant d'infanterie de marine, tombait frappé d'une balle au cœur, à la bataille de Bao-Viaï, en avant de Lang-Son.

La haie, autour du cercueil, est formée par six seconds-maîtres et quatre quartiers-maîtres du *Bayard*, conduits par un premier maître en grande tenue.

A droite et à gauche de l'entrée de l'église, sous l'orgue, on voit deux immenses couronnes envoyées par l'École de Saint-Cyr et la ville de Mulhouse. Dans la chapelle du Saint-Sépulcre, on remarque : la couronne envoyée par le 1er régiment d'infanterie de marine ; celle qui porte l'inscription : *A Courbet, la jeunesse du Gers ;* une petite couronne en perles noires avec la mention : *Religion-Patrie.*

Citons encore les couronnes de Bastia, d'Alençon. des élèves de l'École polytechnique et des étudiants de l'Institut catholique. Une couronne porte, sur un fond de camélias, cette inscription en lettres d'or : *La Vendée à l'héroïque Courbet.*

Toutes les autres, au nombre de plusieurs centaines, sont placées sur le catafalque, accrochées aux tentures ou suspendues aux piliers.

Le premier rang du chœur est réservé à la famille, représentée par MM. Tiburce Ferry, exécuteur testamentaire de l'amiral Courbet ; Émile Ferry, maire du IXe arrondissement ; Lucien Pinaud, Louis de Clermont, colonel Courbet-Poulard, M. et Mme Bourgeois, M. et Mme Lamé, MM. Arau et Pinaud.

Un peu en arrière, l'état-major de l'amiral Courbet, composé des commandants de Maigret, Foret et Ravel, des lieutenants de vaisseau Goudot et Habert, du commissaire d'escadre Édet et de l'abbé Rogel·

Derrière prennent place l'état-major du *Bayard,* ayant à sa tête le brave commandant Parrayon.

Dans la nef : Mgr Trégaro, ancien aumônier de la flotte. qui remplit d'admiration, par sa brillante conduite, le corps expéditionnaire de Cochinchine, le 21 février 1861, à l'attaque des terribles lignes de Ki-Hoa ; Mgr Averardi, auditeur de la nonciature ; les maréchaux Canrobert et de Mac-Mahon ; le général Pittié et le commandant Dessirier, représentant M. Grévy ; l'amiral Galiber, le général Campenon ; MM. Brisson, Allain-Targé, Sadi-Carnot,

Pierre Legrand, ministres; les amiraux Paris, Vignes, Cloué, Muret de Pagnac, Duperré, Jurien de la Gravière, Fauque de Jonquières, de la Jaille, Juin, Ribell, Mouchez, Baux, Gougeard, etc.

Les généraux Saussier, Thomas, Lallemand, Lambert, Thibaudin, Warnet, Schmidt, Rousseau, de Cuny, Sumpt, Frébault, Dard, Thory, Lebrun, de Charette, Caillot, Boussenard, Mercier, Schneegans, Henrion-Berthier, Espivent de la Villeboisnet; MM. les directeurs des comités d'infanterie, de cavalerie et d'artillerie.

MM. Calla, de Baudry d'Asson, vicomte de Belizol, de Largentaye, comte le Gonidec de Traissan, députés; M. le commandant Fleuriès; M. le capitaine d'artillerie Josse, officier d'ordonnance du ministre de la marine; colonel Willette; colonel Duchesne, représentant le corps expéditionnaire du Tonkin; général baron Frédéricks, attaché militaire de Russie; les attachés militaires de toutes les puissances étrangères; MM. Raoul Duval, Léon Chevreau, Andrieux, Liouville, Humbert, Delsol.

Les députations des officiers de l'armée de terre, de mer, gendarmerie, École supérieure de guerre; Écoles de Saint Cyr, polytechnique, du Val-de-Grâce; députation des anciens combattants du Tonkin.

Le corps diplomatique, les bureaux du Sénat et de la Chambre des députés, la Cour de cassation, les députations de la ville d'Abbeville et du département de la Somme, etc.

La cérémonie religieuse commence à midi précis et est annoncée par onze coups de canon.

La messe est dite par M. l'abbé de Greteau, chapelain des Invalides. L'office est chanté par la maîtrise de Saint-Sulpice, alternant avec la musique de la garde de de Paris (sous les ordres de M. Wettge), qui se trouve dans la cour d'honneur, et qui exécute une *Marche patriotique*, de Mme de Listoff, composée pour la circonstance.

Le baryton Auguez, qui est Abbevillois comme le regretté amiral, interprète admirablement le *Pie Jésus* de Saint-Saëns.

L'absoute est donnée par Mgr Richard, coadjuteur de S. Ém. le cardinal-archevêque de Paris.

Le défilé. — A une heure moins dix, la cérémonie est terminée. Le char funèbre vient se ranger en face du portail Napoléon. Des employés des pompes funèbres apportent le cercueil et le placent sur des rouleaux pour l'amener jusqu'au char, où ils ont toutes les peines du monde à le hisser (le cercueil est formé de quatre enveloppes et pèse 800 kilogr.). Sur la bière, on dépose les insignes de l'amiral et un drapeau tricolore en soie.

Derrière le char, un maître des cérémonies porte sur un coussin les nombreuses décorations du défunt; les cordons du poêle sont tenus par les amiraux et les généraux déjà nommés.

La compagnie du *Bayard* présente les armes aux dépouilles de son valeureux chef.

A une heure, le cortège se met en marche et vient se placer devant la grille, dans la couronne d'honneur, remplie de croix, d'ancres, de fleurs et de couronnes, parmi lesquelles celle du *syndicat de la Presse* est fort remarquée.

La musique de la garde de Paris joue la *Marche funèbre* de Chopin, qui s'exhale comme un long sanglot : le canon tonne sur la berge du quai d'Orsay.

Les tambours battent, les clairons sonnent aux champs, les troupes présentent les armes, les officiers saluent de l'épée, les drapeaux s'inclinent.

Le défilé va commencer. La pluie a cessé, et le soleil fait étinceler les casques et les cuirasses.

La garde de Paris défile en tête, puis la ligne, l'artillerie et les cuirassiers. Les troupes marchent avec une correction parfaite.

Tout est terminé à deux heures. Le cortège se forme de nouveau et le corps et ramené dans la chapelle ardente.

A deux heures et demie, quand les marins du *Bayard* sortent des Invalides, la foule leur fait une ovation indescriptible ; ce sont des applaudissements, des hourrahs, des acclamations, des cris mille fois répétés de « Vive le *Bayard !* »

Jusqu'au quartier du quai d'Orsay, plus de dix mille personnes font à cette poignée de braves une escorte triomphale.

Paris, 29 août.

A Notre-Dame. — Un service solennel a été célébré ce matin à dix heures à Notre-Dame, pour le repos des âmes des soldats et des marins morts en Chine et au Tonkin.

Toute la nef centrale est tendue entièrement de draperies noires surmontées de bandes de velours brodées d'hermine.

De nombreux trophées de drapeaux tricolores, des palmes vertes complètent la décoration ainsi que des écussons sur lesquels on lit les noms des principaux combats auxquels nos troupes ont pris part : *Sontay, Kep, Chu, Hué, Hong-Hoa, Bac-Ninh, Tuyen-Quan, Yuoc,* etc.

Le catafalque, très élevé au centre de l'église, est entouré de grands candélabres en argent dans lesquels brûlent des flammes vertes. L'entrée de l'église est décorée dans le même style et avec la même profusion de palmes blanches ou vertes.

Toutes les dépenses de cette cérémonie extraordinaire sont supportées par le budget de l'archevêché, qui a voulu montrer l'empressement que l'Église met à célébrer nos gloires nationales.

La messe est dite par M. l'abbé Petit, vicaire général de Notre-Dame, assisté de tout le clergé. M. le coadjuteur Richard, qui assiste à la cérémonie, donne l'absoute.

Le ministre de la marine est présent. Le ministre de la guerre s'est fait représenter par son officier d'ordonnance.

On remarque également dans l'assistance de nombreux officiers en tenue, ainsi que beaucoup de militaires et marins en congé.

Pendant tout le temps que dure le service, des dames du comité de la Société de secours aux blessés des armées de terre et de mer se tiennent à la porte, recevant les offrandes du public.

9.

Abbeville, 29 août.

Le départ de Paris. — A la suite d'une démarche faite par les représentants de la famille Courbet, le départ du corps de l'amiral pour Abbeville est avancé de quarante-huit heures.

La dépouille mortelle du glorieux marin quitte le 28 août, à neuf heures du matin, l'hôtel des Invalides.

Avant le départ du fourgon, une messe basse a été dite.

Quand la voiture des pompes funèbres franchit la grille, le poste des Invalides rend les honneurs.

Le colonel Courbet-Poulard, le général Sumpt, le commandant de Maigret, M. Lauras, administrateur des Pompes funèbres, et le lieutenant de vaisseau Habert, assistent à la translation du corps.

A la gare du Nord se trouvent le préfet de police et M. Devismes, maire du X⁰ arrondissement, qui reçoivent le cercueil en présence du chef de gare et du chef du matériel.

Un fourgon a été aménagé par les pompes funèbres; sur les tentures noires se détachent dix écussons portant la lettre C.

Chacun de ces écussons est encadré par deux trophées de drapeaux tricolores. A ce fourgon sont joints deux fourgons de bagages renfermant les couronnes.

Les trois fourgons sont simplement fermés à clef, sans scellés.

M. le colonel Courbet-Poulard et MM. Lebel, père et fils, parents de l'amiral, prennent place dans une voiture de première classe.

Dans un compartiment de seconde, monte une escouade

de quatorze marins du *Bayard,* commandés par M. le lieutenant de vaisseau Habert.

Il n'est pas formé de train spécial, les trois fourgons sont tout simplement ajoutés au train omnibus n° 13, qui, tous les matins, à dix heures, quitte la gare du Nord.

Le corps de l'amiral Courbet arrive en gare d'Abbeville à trois heures cinq minutes après midi.

Mgr Jacquenet, évêque d'Amiens, escorté de tout le clergé d'Abbeville, vient à la gare recevoir la dépouille du noble marin.

Le convoi funèbre se dirige vers la place de l'Amiral-Courbet (ancienne place du Marché-au-Blé), escorté par une foule immense et recueillie.

Le chaleureux appel de la municipalité abbevilloise a été entendu ; les maisons sont décorées et pavoisées de drapeaux tricolores voilés de crêpes ; dans tous les quartiers on a fait des souscriptions pour élever des arcs de triomphe.

Le corps de l'amiral est déposé dans une des chapelles de l'église collégiale de Saint-Vulfran, celle-là même où il a été baptisé.

Une foule respectueuse se presse depuis hier dans cette église et défile devant la chapelle ardente ; le recueillement est profond ; beaucoup de personnes sont vêtues de deuil.

Dans la chapelle, le cercueil est enfoui sous les fleurs, les couronnes, les banderoles de toutes couleurs et les devises de toutes sortes.

Dessus sont déposés les insignes : uniforme, épaulettes, décorations, épée.

A côté, deux sœurs de charité priant, deux marins du *Bayard* montant la garde funèbre sans armes et le bonnet de travail à la main.

La vieille cité picarde présente une animation extraordinaire. Les environs se sont déversés sur Abbeville, afin de venir prendre part à la grande manifestation que les concitoyens de l'amiral Courbet préparent en l'honneur du vainqueur de Sontay.

On vient de fixer la plaque commémorative sur la modeste maison où est né Anatole Courbet, plaque en marbre noir, dont la municipalité d'Abbeville a décidé la pose au lendemain de la nouvelle de la mort de l'amiral.

Cet après-midi, le peloton de la compagnie de débarquement du *Bayard* est arrivé à Abbeville sous les ordres du lieutenant de vaisseau Gourjon du Lac, et a été reçu avec le plus vif enthousiasme.

On a dressé sur la place de l'Amiral-Courbet un catafalque de dix mètres de hauteur sur onze mètres de large. Le fronton est de couleur violette sur fond noir lamé d'argent, surmonté d'un écusson aux armes de la ville, avec un superbe trophée d'attributs maritimes. Sur l'estrade qui supporte le sarcophage on a placé un beau buste en plâtre de l'amiral exécuté par un artiste abbevillois. Au-dessous est déposée l'épée d'honneur offerte à l'amiral.

Hier, dans la soirée, le corps de l'amiral a été transporté de la cathédrale à cette chapelle ardente.

Pendant toute la nuit, une foule énorme ne cesse de stationner devant le catafalque, veillé par les marins du *Bayard*, les pompiers et les soldats de la ligne, et qu'éclairent les flammes vertes de hauts lampadaires dressés aux angles. Tous les reverbères de la place sont voilés de crêpe.

Ce matin, le temps est superbe. Dès les premières heures la circulation est devenue impossible par suite de l'affluence de la foule. Les clochers des églises sonnent à toute volée. A midi, la famille de l'amiral Courbet, le conseil municipal et les autorités invitées, quittent la mairie et attendent sur la place du Guindal la sortie du clergé de Saint-Vulfran.

Ils marchent à sa suite jusqu'à la place de l'Amiral-Courbet. Le clergé est représenté par quatre cents prêtres en surplis et soixante chanoines accompagnant Mgr Jacquenet, coiffé de la mitre, Mgr Freppel, Mgr Trégaro, les évêques de Beauvais, d'Arras, de Limoges et de Saint-Brieuc, ancien aumônier du *Richelieu*.

A midi et demi, les tambours et clairons battent et sonnent aux champs ; la musique municipale joue une marche funèbre, et on procède à la levée du corps.

Le cortège se dirige vers la cathédrale, précédé des cavaliers du 3e chasseurs, des pompiers, de la Société de gymnastique portant l'épée à poignée d'or enrichie de diamants, offerte par souscription à l'amiral, des musiques, des chars porte-couronnes.

Derrière le corbillard, marche l'abbé Rogel précédant la famille, et une nombreuse assistance, où l'on remarque : l'amiral Galiber en grand uniforme ; le vice-amiral Bergasse du Petit-Thouars, préfet maritime de Cherbourg, et son chef d'état-major ; les amiraux de Dompierre d'Hornoy, de Rosamel, Ribourt, Paillac, Bonie ; le général Frébault ; M. le baron de Monnecove ; le capitaine d'artillerie Josse, officier d'ordonnance du ministre de la marine.

M. Mollard, introducteur des ambassadeurs ; MM. Goblet, ministre de l'instruction publique; Blin de Bourdon, de Douville-Maillefeu, Teulet, députés; Parrayon, commandant du *Bayard;* l'abbé Rogel; les commandants de Maigret, Foret; les lieutenants Habert, Goudot, Receveur; le commissaire d'escadre Edet; les ingénieurs de marine Lahitte et Rollet de l'Isle; M. Hervieu, mécanicien principal de première classe; M. Joseph Zi, interprète chinois du *Bayard;* de nombreux officiers de marine et de l'armée, ayant combattu en Chine et au Tonkin sous les ordres de l'amiral.

Le détachement de fusiliers-marins, sous les ordres de M. Gourjon du Lac, marche de chaque côté du corbillard, l'arme renversée sous le bras droit.

Chacun dans la foule désigne les seconds-maîtres Julaude et Morel, dont les exploits en Chine sont déjà devenus légendaires.

Les cordons du poêle sont tenus par MM. Cohn, préfet de la Somme; amiral de Dompierre d'Hornoy; François, maire d'Abbeville; général Deplanque; général Frébault; Juste Pinaud, parent du défunt.

A une heure et demie le cortège pénètre dans la cathédrale dont la nef et le cœur sont entièrement tendus de deuil. C'est Mgr Jacquenet qui célèbre la messe.

A deux heures et demie, Mgr Freppel monte en chaire.

Le vénérable orateur débute en disant que les funérailles de l'amiral Courbet ont un caractère de grandeur et de dignité particulières, parce que le défunt a mérité d'être pleuré par la patrie et par la religion :

La religion, dit-il, sans laquelle toutes les pompes humaines ne sont qu'un vain spectacle, devait donc se rencontrer avec la patrie devant le cercueil du héros chrétien qui, dans tout le cours de sa vie et à son heure dernière, avait rendu à Dieu l'hommage de sa foi. Aussi, à l'approche de ces dépouilles glorieuses, la France entière a tressailli ; des Salins-d'Hyères au dôme des Invalides, elle les a suivies du regard avec une pieuse émotion. Paris les attendait pour leur faire un triomphe que les pouvoirs publics, de concert avec l'Eglise, avaient su rendre digne d'un grand peuple. Et, certes, c'était bien dans cette nécropole du génie militaire, sous ces voûtes où tant de gloires étaient allées s'ensevelir, à l'ombre de ces trophées qui rappellent les merveilles de notre histoire, c'était là que, en présence des chefs de l'armée et des corps de l'État, la piété publique devait rendre ses premiers devoirs à l'illustre soldat qui, après tant d'années de deuil, venait de ramener la victoire sous le drapeau de la France.

L'orateur félicite ensuite les habitants d'Abbeville, qui vont être les gardiens de la dépouille de l'amiral :

. Après l'honneur d'avoir donné le jour à celui dont nous pleurons la perte, il ne pouvait échoir à votre cité de plus grande faveur que de recevoir ses restes au milieu d'elle, pour les garder comme un dépôt précieux, auprès duquel les générations futures viendront apprendre comment on peut devenir un grand serviteur du pays sans cesser d'être un fils dévoué de l'Église, et par quel lien la religion et le patriotisme s'unissent dans une âme d'élite pour l'élever à la hauteur du héros chrétien.

Mgr Freppel rappelle ensuite les différentes phases de la vie du défunt. Il prend celui-ci tout enfant, au milieu de sa famille si honorable et si chrétienne ; il le suit au séminaire de Saint-Régnier, où il fit ses premières études ; puis aux collèges d'Abbeville, d'Amiens et au lycée Charlemagne, où il obtint de si brillants succès. Enfin, il nous le montre après sa sortie de l'École polytechnique, devenu marin et savant distingué. Courbet, à cette époque de sa vie, est resté tel qu'il était dans son enfance, un fervent chrétien. C'est ce que constate l'orateur.

Je suis heureux de pouvoir ajouter devant ces autels, en présence de ce grand Dieu qui « juge les justices mêmes », que l'homme religieux et moral était à la hauteur du savant et du soldat. Fidèle aux traditions chrétiennes restées l'honneur et la force de la marine française, Courbet donnait aux équipages placés sous ses ordres l'exemple d'une foi vive et sincère.

Après avoir suivi pas à pas l'amiral Courbet dans sa carrière de marin, Mgr Freppel arrive à la guerre du Tonkin, qui lui a coûté la vie. Il fait l'historique de la campagne, rappelle ce qu'elle nous a coûté, mais ajoute en terminant :

Du moins, ces grandes souffrances ne demeurent-elles pas stériles ; car rien de fort ni de durable ne se fonde ici-bas que sur le sacrifice ; et l'on s'attache à une cause par les efforts qu'elle coûte. Voilà pourquoi cette terre du Tonkin, qui a bu le sang de nos soldats avec celui de nos martyrs, restera pour toujours une terre française ; nous y avons laissé trop de tombes, pour ne pas y laisser encore le drapeau qui les couvre de ses plis ; et, si jamais une pensée de défaillance venait à l'emporter sur le sentiment de l'honneur, les ossements des vainqueurs de Sontay, de Bac-Ninh, de Thuyen-Quan tressailliraient à la simple annonce d'un abandon qui, livrant la faiblesse désarmée aux coups de la force brutale, imprimerait au nom français une tache ineffaçable.

Le discours de Mgr Freppel produit une profonde impression sur tous les assistants.

Après ce discours, la messe s'achève ; Mgr Jacquenet donne ensuite l'absoute et le cortège se forme de nouveau devant l'église.

Dans le sanctuaire, on remarque beaucoup, à la sortie, deux vastes coquilles formant bénitier, avec cette inscription : *Offert par l'amiral Courbet à sa paroisse natale.*

Le cortège se dirige alors vers le cimetière de la chapelle où l'inhumation doit avoir lieu dans le caveau de la famille Courbet. Cent mille personnes se trouvent rangées tout le long du parcours : un silence religieux règne dans cette foule. Toutes les façades des maisons sont tendues de noir.

Il est cinq heures lorsque la tête du cortège arrive à l'entrée du cimetière. Devant la nécropole, le service d'ordre est fait par les cavaliers du 3ᵉ chasseurs. Les soldats du 128ᵉ de ligne forment la haie.

Le convoi s'engage dans le cimetière par un chemin encaissé et rocailleux. Il arrive enfin jusqu'au mamelon central où se trouve le caveau de l'amiral Courbet, creusé tout à côté de celui de la famille Cornet (Mᵐᵉ Cornet est la sœur aînée de l'amiral).

Sur ce caveau a été dressé une sorte de pavillon funèbre, soutenu par quatre mâts enguirlandés de branches de sapin, voilés de crêpe et pavoisés de drapeaux. Au devant flotte le pavillon du vice-amiral avec les trois étoiles d'argent. C'est sur cet emplacement que le cercueil porté à bras par les gradés du *Bayard* est suspendu à l'élingue du treuil qui le dépose dans sa dernière demeure.

Il est alors cinq heures et demie.

Mgr Jacquemet s'approche alors de la fosse et récite les prières des morts. Le maître des cérémonies invite ensuite l'amiral Galiber à s'avancer et à prendre la parole.

Le ministre de la marine commence, d'une voix un peu troublée, son discours, dont voici la péroraison :

Chez nous tous, messieurs, s'éveille, devant cette tombe, l'idée d'une récompense dont nous ne savons point ici-bas mesurer la grandeur. Et dans ce jour de deuil, où nous sommes avides d'opposer une consolation à nos regrets, cherchons-la dans cette pensée, dans cette espérance qui est le plus grand hommage que nous puissions offrir au grand cœur que la France a perdu.

Adieu, Courbet ; ta mémoire, ton exemple resteront toujours gravés au plus profond de nos âmes, comme ton nom glorieux restera toujours inscrit sur les pages de notre histoire.

Après le ministre de la marine, M. François, maire d'Abbeville, prend la parole et prononce un discours au nom de la ville.

A six heures cinq minutes, tout est terminé et le cimetière est bientôt désert.

Dans la soirée, les nombreux visiteurs venus pour assister aux funérailles quittent Abbeville, emportant un souvenir ineffaçable de la magnifique cérémonie à laquelle ils viennent d'assister.

Le Testament de l'Amiral. — Le 1er septembre, le testament de l'amiral, qui était revenu en France avec sa dépouille mortelle, avait été déposé, à Abbeville, dans l'étude de Me Eugène Muré, notaire de la famille.

Le 5 septembre, M. le contre-amiral, sénateur, marquis de Montagnac, président de la Société centrale de sauvetage des naufragés, recevait de Me Muré la copie suivante du testament, qui avait été écrit par l'amiral en vue des îles Pescadores, la veille du bombardement de Makung et de la prise de cet archipel, son dernier triomphe :

Pescadores, le 28 mars 1885.

Je laisse à la Société centrale de sauvetage des naufragés toutes mes économies en argent ou en valeurs mobilières. Ces économies provenant de mes appointements, mes sœurs, belles-sœurs et nièces ayant une large aisance, je pense qu'elles m'approuveront.

Signé : A. COURBET.

C'est simple et c'est grand. Ces quelques lignes représentent bien le noble caractère de l'amiral ; c'est bien là une manifestation délicate qui honore autant l'homme que l'œuvre.

Ce qu'il a reçu de son père, le patrimoine de ses aïeux, il le rend à sa famille ; mais les économies qu'il

a faites durant sa périlleuse carrière, il les destine
aux philanthropes et aux hommes de mer.

Grâce à l'amiral Courbet, de nouvelles stations vont
s'élever sur nos côtes ; le pavillon étoilé de la Société
flottera sur des points dangereux qui attendaient encore des canots de sauvetage.

Avant comme après sa mort, l'illustre marin aura été
un bienfaiteur de l'humanité.

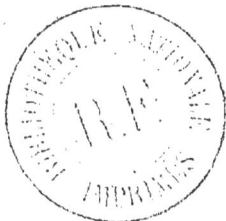

FIN

TABLE DES MATIÈRES

	Pages.
DÉDICACE.	V
PRÉFACE.	VII
Chapitre Ier. Suez.—La chambre ardente.—L'amiral Courbet.	1
— II. La mort de l'amiral.—Le retour.	18
— III. Le *Bayard*. — Les pertes de l'équipage. — Les avaries. — Les officiers.	29
— IV. La traversée du canal de Suez.	37
— V. Deux héros.	51
— VI. L'affaire de Sheïpoo.	67
— VII. Malte.—Bone.—Un guet-apens. — Les chants du bord.	91
— VIII. Le *Revolver* et la *Mitrailleuse*.	103
— IX. En rade d'Hyères. — L'escadre.— Le débarquement.	120
— X. Le voyage. — L'arrivée à Paris. — La cérémonie des Invalides.—A Notre-Dame. — A Abbeville.	138

FIN DE LA TABLE DES MATIÈRES

PARIS. — IMP. CHAIX (S.O.). — 20192-3.

www.ingramcontent.com/pod-product-compliance
Lightning Source LLC
Chambersburg PA
CBHW060430090426
42733CB00011B/2217